LOS CAMINOS DEL
SILENCIO INTERIOR

LOS CAMINOS DEL SILENCIO INTERIOR

Stein, Edith
    Los caminos del silencio interior - 6ª ed. - Buenos
Aires : Bonum, 2014.

    208 p. ; 18x11 cm.

    1. Espiritualidad I. Título
    CDD 248

© Editorial Bonum, 2014
Av. Corrientes 6687 (C1427BPE)
Buenos Aires - Argentina
Tel./Fax: (5411) 4554-1414
ventas@editorialbonum.com.ar
www.editorialbonum.com.ar

Impreso en Argentina
Es industria argentina

I

BREVE INTRODUCCIÓN BIOGRÁFICA

Edith Stein —"judía, conversa, carmelita, importante filósofa cristiana, mártir"—nació el 12 de octubre de 1891 en Breslau. En la familia era la menor de cinco hermanas y dos hermanos. Su padre, Siegfrid Stein, era comerciante mayorista en maderas y murió siendo ella todavía una niña. Su madre, Augusta Courant de Stein, logró con gran energía y esmero hacer del negocio familiar, que el padre había dejado endeudado, una compañía de prestigio. Ella misma, una judía de arraigadas convicciones, llevaba una vida de profunda piedad y gran fidelidad a la ley. Edith Stein, en cambio, se había alejado ya en sus años de estudiante de la fe judía. "En aquellos años", dice ella, "abandoné conscientemente y por propia decisión el hábito de rezar". Edith era una niña muy alegre y despierta y fue siempre una alumna excelente. También como estudiante universitaria destacó sobre los demás estudiantes debido a su extraordinario talento. En Breslau y Cotinga estudió letras germánicas, historia y sicología; su preocupación principal fue, sin embargo, la filosofía, cuyos estudios concluyó con exámenes brillantes.

De esos años de estudio se pueden destacar dos características principales de la joven Edith. La primera es su búsqueda apasionada de la verdad. Edith se sentía inundada por un profundo idealismo ético, que no le permitía, aun alejada de la fe, callar la voz interior que la impulsaba a la búsqueda de Dios. Desde muy temprano comenzó a preguntarse por el sentido más profundo de la existencia humana. Esa pregunta por el hombre fue la raíz y el fundamento de sus estudios filosóficos a los cuales se dedicaba cada vez con mayor intensidad. Se puede muy bien decir que el método fenomenológico del filósofo Edmund Husserl fue el que le dio la posibilidad de percibir y elaborar sus prejuicios racionalistas para acercarse lentamente a la fe cristiana. Las clases del filósofo Max Scheler fueron un apoyo muy importante en ese largo camino de conversión, pero la influencia decisiva la ejercieron los muchos testimonios de fe de amigos cristianos y los escritos de Santa Teresa de Avila. En el verano de 1921 tomó la firme decisión de convertirse al catolicismo y el 1 de enero de 1922 fue acogida por el bautismo en el seno de la Iglesia Católica en el templo parroquial de Bergzabern en el Palatinado.

Como segunda característica de la joven Edith se puede mencionar el apasionado interés por los acontecimientos políticos de su tiempo y su pronunciada conciencia de responsabilidad social. Con insospechado énfasis se comprometió en la lucha por la igualdad de los derechos de la mujer y nunca pudo aceptar una actitud indiferente frente a los acontecimientos sociales y políticos de su época. Ya durante su primer semestre en la universidad se dedicó a dar cursos complementarios para trabajadoras y empleadas en la organización que se podría considerar precursora de la actual universidad popular alemana. Siempre le estuvo muy agradecida al estado alemán, pues éste le posibilitaba, a través de la universidad, descubrir los tesoros de la sabiduría humana y en gesto generoso se decidió a hacer de su profesión un acto de servicio al pueblo. En sus escritos se puede entrever cuán profundamente la conmovieron los sucesos bélicos que acosaban a su patria. Tanto, que se comprometió activamente en la primera guerra mundial y en la segunda hizo entrega valiente de su propia vida. En 1915 interrumpió sus estudios, inició su aprendizaje como ayudante de enfermería en la Cruz Roja y trabajó en un hospital de prevención de epidemias; en 1916 trabajó como suplente en una escuela secundaria de Breslau.

Desde 1916 hasta 1918 fue asistente de Edmund Husserl en Friburgo de Brisgovia. Paralelamente dio clases de introducción a la fenomenología para estudiantes universitarios y publicó sus primeros trabajos sobre los fundamentos filosóficos de la sicología y sobre la comunidad y el estado. En ese tiempo intentó también acceder a una cátedra en la universidad, pero como por aquel entonces no se concedían cátedras a las mujeres, reunió en torno suyo un grupo privado de estudios en Breslau y dictó clases en la universidad popular. Después de su conversión llegó a ser profesora de alemán y de historia en el Liceo y en la escuela de maestras de las dominicas de Espira. En ese período publicó también tres tomos de traducciones (las cartas del Cardenal Newman y las cuestiones disputadas "Sobre la Verdad" de Santo Tomás) y numerosos artículos sobre pedagogía y educación. En 1932 fue nominada para la cátedra de antropología en el Instituto Alemán de Pedagogía Científica de Münster; pero apenas un año más tarde fue retirada del puesto, a causa de su procedencia judía. Durante sus años en Espira dictó también numerosas conferencias en diferentes ciudades de Alemania y del extranjero, dirigió programas de radio y puso siempre su acento en la formación de la mujer. Según sus propias palabras, su único objetivo era enseñar a los hombres "cómo se puede empezar a vivir de la mano del Señor."

De los años de docencia se pueden recalcar también otros dos caracteres propios de la personalidad de Edith Stein. En primer lugar, hay que mencionar la irrevocable y contagiante fuerza de su fe. Cristo y el Evangelio eran el cauce sobre el cual ella, sin ningún tipo de reservas, orientaba toda su vida. Se da, además, por supuesto que sus conocimientos sobre la doctrina de la Iglesia y de los grandes santos y su comprensión de la liturgia y de la Sagrada Escritura eran realmente eximios. Su adoración por el Santísimo Sacramento y su devoción por María y por el Sagrado Corazón de Jesús eran tan simples y naturales, y a la vez tan profundas y vivas, que frente a ese hecho sólo cabe una gran admiración.

Esa mujer erudita, que con refinado espíritu investigaba las más difíciles cuestiones teológicas y filosóficas, y que atraía en sus conferencias a cientos de oyentes, era la misma que muy a menudo pasaba horas arrodillada frente al Tabernáculo, tan profundamente recogida, como si no hubiera para ella ninguna otra cosa en el mundo. Su total entrega a la voluntad de Dios y la infinita confianza en su providencia y misericordia, aun en las horas de sufrimiento y persecución, eran sencillamente inamovibles.

Otra característica propia de su personalidad era su nobleza y confianza para con los hombres que la vida le ponía delante. El breve espacio no nos permite entrar en detalles, pero hay algunas cosas que no se pueden dejar de ninguna manera de mencionar. Por ejemplo, el profundo amor por su provincia, Silesia y por su gran parentela, su constante actitud de agradecimiento frente a sus maestros y consejeros, su generosidad para con sus muchos alumnos y amigos.

Edith Stein entró el 14 de octubre de 1933 en el convento de las Carmelitas Descalzas de Colonia y recibió en la toma de hábito el nombre de 'Teresa Benedicta de la Cruz'. El 21 de abril de 1938 hizo sus votos perpetuos y en el mismo año tuvo que emigrar al Carmelo de Echt, en Holanda, a causa de las intrigas antijudías del régimen nacionalsocialista de Hitler. Después de la ocupación alemana de los Países Bajos comenzó también en Holanda la persecución de los judíos y el primer domingo de agosto la Gestapo tomó prisioneras a Edith Stein y a su hermana Rosa, que trabajaba en la portería del convento y que se había convertido al catolicismo al igual que su hermana. Ambas fueron deportadas a Auschwitz donde murieron asesinadas en las cámaras de gas el 9 de agosto de 1942.

En 1962 se inició su proceso de beatificación y el mismo Santo Padre expresó su gran interés de que ella estuviera junto a Maximiliano Kolbe en el catálogo de los santos. De este modo sería ella, que por la providencia de Dios llegó a ser famosa en todo el mundo, una digna representante de los innumerables mártires que permanecen anónimos y que corrieron su misma suerte de cruel aniquilación. El arduo trabajo de ese proceso fue coronado con su beatificación en Colonia, el 1 de mayo de 1987.

II

VISIÓN GENERAL DE LA OBRA STEINIANA

Las obras de Edith Stein pueden dividirse en tres períodos claramente definibles: a) El período fenomenológico. b) El período pedagógico y neotomista. c) El período místico.

1. El período fenomenológico (1916-1923)

Este período se extiende desde los años de su promoción hasta los años de su conversión al catolicismo. La primera obra de Edith Stein que se publica es su tesis doctoral "Sobre el problema de la empatía" ("Zum Problem der Einfühlung" Halle 1917) donde ella, a la luz de una metodología estrictamente fenomenológica analiza el fenómeno de la existencia de sujetos ajenos a la propia persona y el acto fundante que nos posibilita la percepción de una existencia personal distinta a la propia. La empatía es definida de esa manera como 'la participación afectiva y por lo común emotiva de un sujeto humano en una realidad ajena al mismo sujeto'.

En los años siguientes colaboró activamente con

el "Anuario de filosofía y de investigación fenomenológica" ("Jahrbuch für Philosophie und Phano-
menologische Forschung"). En este órgano de expresión de la escuela filosófica fundada por Husserl
publicó tres importantes trabajos de carácter también estrictamente fenomenológico. Dos de ellos son
"Aportes a la fundamentación filosófica de la
sicología y de las ciencias del espíritu" —(Beitrage
zur Begründang der Psychoilogie und der Geis-
teswissenschaften)— "Causalidad psíquica" —
(Psychische Kausalität— e "Individuo y Comunidad" —(Individuum und Gemeinschaft)—. En
ellos intenta una interpretación fenomenológica de
los conceptos mencionados y la investigación de las
condiciones de posibilidad de la apertura del sujeto
individual-personal a la vida en comunidad. El tercer trabajo publicado en el Anuario, "Una investigación sobre el Estado" (Eine Untersuchung über
den Staat), tiene carácter filosófico-social e intenta
sentar las bases sobre las cuales ha de apoyarse la
constitución de una comunidad estatal. Esta obra
es la resolución socio-política de la distinción hecha
anteriormente entre el carácter individual y social
que le corresponde a toda persona humana.

2. El período pedagógico-neotomista (1922-1938)

Este segundo período de producción filosóficope-
dagógica se extiende desde su conversión hasta su
paso del Carmelo de Colonia al Carmelo de Echt,
en Holanda.

La permanencia de Edith Stein en el Liceo de las Dominicas de Espira estuvo signada por una serie casi ininterrumpida de conferencias y publicaciones, cuyos temas principales fueron *La mujer:* "Fundamentos de la educación de la mujer" (Grundlagen der Frauenbildung). "El 'ethos' de la Profesión femenina" (Das Ethos der Frauenberufe); la educación, "Sobre la idea de la educación" (Zur Idee der Bildung), y la pedagogía, "Los tipos de la sicología y su importancia para la pedagogía".

Paralelamente, además, entró en contacto y comenzó a interesarse por la obra y el pensamiento de Santo Tomás de Aquino. El primer resultado de estos estudios fue un análisis comparativo y de los puntos de comunicación entre "La fenomenología de Husserl y la filosofía de Santo Tomás de Aquino" (Husserls Phänomenologie und die Philosaphie des Hl. Thomas von Aquin). Pocos años después presentó al mundo filosófico alemán una traducción de la "Quaestiones Disputatae de Veritate" de S. Tomás (Des Hl. Thomas von Aquin Untersuchungen über die Wahrheit), obra única en su género, que da a conocer la doctrina del Doctor Angélico con un lenguaje y desde un punto de vista fenomenológico.

La obra principal de este período —y de todo su quehacer filosófico— es un trabajo concebido originalmente como tesis de habilitación docente: "El ser finito y eterno. Ensayo de acceso al sentido del ser" (Endliches und ewiges Sein. Versuch eines Aufstiegs zum Sinn des Seins) que se publicó en 1950, ocho años después de su muerte.

El período místico (1938- 1942)

Los escritos de Edith Stein de carácter eminentemente místico ocupan los años que ella pasó en Holanda hasta su deportación a Auschwitz y su muerte. Ya en Colonia había estudiado de modo intensi-
vo las obras de Santa Teresa de Avila y resumió los
frutos de sus investigaciones en un pequeño tratado
titulado "Seelenburg" ("Castillo interior" o "Las
Moradas") y que fue concebido como un apéndice a
su obra filosófica sobre "El ser finito y Eterno" pero
que no fue publicado hasta el año 1962.

Su obra mística más importante es sin duda alguna "Kreuzeswissenschaft" (La ciencia de la
Cruz), un análisis fenomenológico exhaustivo de los
principales escritos de San Juan de la Cruz. Esta
obra está dividida en tres partes, la tercera de las
cuales quedó inconclusa sobre su escritorio al ser
arrestada por la Gestapo:

a) El mensaje de la Cruz (Kreuzesbotschaft): El
capítulo inicial, escrito a modo de introducción,
contempla los aspectos biográficos y las circunstancias históricas que configuran el entorno de las experiencias místicas de San Juan de la Cruz y que le
condujeron a la expresión literaria de su camino de
ascenso (Subida del monte Carmelo) hacia la unión
mística con Dios.

b) La doctrina de la Cruz (Kreuzeslehre): Este
capítulo constituye la parte central de la obra, donde Edith Stein analiza y comenta los temas y escritos fundamentales del gran maestro de la mística
española. La estructura interna está dada por los

16

cuatro tratados místicos de San Juan de la Cruz:
"Subida del monte Carmelo", "Noche oscura",
"Cántico espiritual" y "Llama de amor viva".

c) El seguimiento de la Cruz (Kreuzesnachfolge):
Edith Stein alcanzó a escribir unas pocas páginas
conclusivas de su obra antes de ser deportada y
asesinada en Auschwitz. La tesis fundamental que
allí defiende es que la "ciencia de la cruz" no se
resuelve en el mero análisis teórico del contenido
teológico y místico de la cruz, sino en el carácter
existencial-personal que el acontecimiento de la
Pasión y la Cruz de Cristo han de tener en la vida de
todo cristiano.

III

La doctrina espiritual de Edith Stein

La doctrina espiritual de Edith Stein se torna incomprensible si se deja de lado el cuño filosófico-fenomenológico que traspasa todos sus escritos. De importancia capital es la distinción entre cuerpo, alma y espíritu. Los tres elementos, reunidos en un sujeto de manera substancial, conforman el fenómeno humano denominado "persona". Este ser personal permanece, sin embargo, en la sombra si no se analiza el carácter espiritual de su naturaleza racional. El espíritu es la instancia personal signada por la absoluta inmaterialidad e intemporalidad, es el centro en el cual la persona encuentra su sentido único y en función del cual está capacitada para comunicarse con otros sujetos personales y con Dios. Su carácter espiritual coloca, además, a la persona por encima del resto de los vivientes que sólo poseen un alma vegetativa o sensitiva y la capacita para la experiencia de la trascendencia que se realiza en la participación del ser divino a través de la gracia. El espíritu se manifiesta así como la condición necesaria para el acceso del hombre al ámbito de la trascendencia y de la vida de la gracia.

El alma humana, por su parte, es espiritual en cuanto procede del acto creador de Dios que la hizo a su imagen y semejanza (Gen. 1,26). El alma es conducida por la gracia a partir del momento mismo del acto creador de Dios (y esto no sólo "desde fuera" sino "desde su misma interioridad"), desde el reino de la naturaleza al reino de la gracia, donde ella alcanza la plenitud de su ser.

Los caminos espirituales a través de los cuales el alma llega al pleno conocimiento de sí misma y a la plenitud de su ser son fundamentalmente tres y responden a las propuestas de Santa Teresa de Jesús, Dionisio Pseudo-Areopagita y San Juan de la Cruz.

1. La concepción steiniana de "Las Moradas": Edith Stein parte, en su análisis de la doctrina teresiana del alma, del principio que afirma que el alma es el centro de la unidad corporal-anímico-espiritual de la persona humana. El alma no puede ser identificada, sin embargo, con el "Yo puro" sino que representa el espacio vital en el cual el "yo" se descubre a sí mismo y no de manera puntual sino ascendente, desde la primera a la séptima morada. La divergencia con la doctrina teresiana a este respecto reside en el modo como el "yo" se descubre a sí mismo y en los pasos que le conducen a la plenitud de su ser en la unión mística con Dios. Sin duda alguna es la oración "la puerta" a través de la cual el alma se descubre a sí misma; Edith Stein, sin embargo, considera necesario complementar este acceso a las moradas interiores de la persona con los resultados de una sicología sana y de una antropología fundada en el carácter espiritual de la persona

humana. La esencia misma del alma, aun cuando permanezca en última instancia en el ámbito del misterio, no es en sí misma un incógnito irreductible a vectores racionales, sino que ofrece múltiples posibilidades de acceso a sus espacios existenciales más íntimos. Según este principio, le pertenece al alma una estructura propia que puede ser considerada en independencia de su relación con Dios (filosofía) y el acceso a su interioridad no se reduce a la oración personal o litúrgica, sino que se complementa con el análisis científico del alma (sicología) y con el contacto interpersonal (empatía). Sólo la conjunción de todos los elementos constitutivos de la persona humana y la aplicación de los diversos métodos de análisis y penetración de los diversos estratos anímicos puede tener como consecuencia la fundamentación de una espiritualidad y experiencia mística fructíferas.

2. Dionisio, el Pseudo-Areopagita: El análisis de la doctrina dionisiana del conocimiento de Dios a través de la "teología negativa" representa para Edith Stein el marco introductorio de la "theologia crucis" de San Juan de la Cruz. La descripción de las vías de acceso a los ámbitos de la experiencia mística (vía purgativa, iluminativa y unitiva) se presentan como condiciones necesarias para la intelección de la "noche oscura" del sentido y del espíritu. Edith Stein propone, además, en parte fiel a la doctrina de Dionisio, tres vías de conocimiento de Dios: —el conocimiento natural de Dios; —el conocimiento de Dios a través de la fe, en el cual se basan los teólogos; —y el conocimiento de Dios a

través de experiencias sobrenaturales, en el cual el papel decisivo lo juegan la inspiración y la revelación. Este último es la base de la "teología simbólica", que es el punto culminante de la "teología positiva". La "teología positiva" permanece, sin embargo, esencialmente fragmentada si no es complementada por la "teología negativa", que no sólo tiene por objeto la negación de atribuciones impropias al "fenómeno" divino, sino también la aceptación y la experiencia del misterio en cuanto tal.

3. La ciencia de la Cruz (Kreuzeswissenschaft): La idea central de la doctrina espiritual steiniana se funda y desarrolla en torno a la "theologia crucis" según el modelo del padre de la mística española, San Juan de la Cruz.

Toda experiencia mística pasa por la experiencia de la cruz; en lenguaje sanjuanista, por la experiencia de la "noche oscura". El misterio de la cruz es la fuerza vivificante de la vida espiritual y la vida del hombre es un "via crucis", que le va identificando paulatinamente con el Crucificado, hasta la experiencia última de la unión mística con Dios. La verdadera "ciencia de la cruz" no consiste en la sistematización de principios abstractos o en la concatenación lógica de proposiciones ciertas, sino en la educación de los principios racionales a la vida personal y a la experiencia concreta. "La ciencia de la cruz" es también una "teoría" muy especial, que si bien tiene que ver con proposiciones ciertas, alcanza su plenitud en el reconocimiento y la aceptación de una verdad viviente y trascendente.

La doctrina espiritual steiniana tiene, en función

de su "theologia crucis" un carácter eminentemente cristológico. Jesús, el Cristo, el Hijo de Dios hecho hombre, es el único capaz de vivir la "noche oscura" hasta sus últimas consecuencias. Sólo Cristo puede encarnar en plenitud la figura del siervo sufriente de Yahvé y sólo él pudo experimentar el sentido más profundo del "abandono" de Dios (Salmo 22). Todos los hombres, por su parte, son partícipes de la cruz de Cristo y la experiencia del encuentro con el misterio de la cruz representa el momento crucial en el camino hacia la plenitud de su existencia. Algunos elegidos (los místicos) reciben la gracia de participar de modo especial de tan profundos sufrimientos. La cruz y el dolor no son, sin embargo, la instancia final de la vida espiritual y mística, sino la preparación para la eterna unión del alma con Dios en el amor. La unión amorosa y la plenitud del ser personal que se alcanzan en la experiencia mística con el objeto final de la introspección del alma en sí misma y de la aceptación del camino de la cruz como un camino de purificación.

La doctrina espiritual steiniana tiene finalmente un carácter ontológico-social en tanto que no reduce sus efectos a la persona singular y concreta que experimenta la unión con Dios sino que la convierte en un puente de gracia para aquellos que están en camino de purificación. Es por ello que: "La plenitud del ser personal, la unión con Dios y el obrar en función de la unión de otros con Dios y de la plenitud de su propio ser, son indisolublemente una única realidad" Ciencia de la cruz (Kw. p. 252).

IV

CATÁLOGO Y DESCRIPCIÓN DE LOS ARCHIVOS QUE GUARDAN Y PUBLICAN LAS OBRAS DE EDITH STEIN

El "Archivum Carmelitanum Edith Stein", de Bruselas

El 31 de diciembre de 1938, día en que Edith Stein tuvo que huir a Holanda a causa de la persecución antijudía del Nacionalsocialismo, llevó consigo desde el Carmelo de Colonia una serie de libros, manuscritos y trabajos inconclusos con la intención de continuar allí, en la medida de lo posible, con sus estudios e investigaciones. En Colonia habría de quedar casi toda su biblioteca y algunos manuscritos que no la ocupaban en ese momento. A los manuscritos que Edith Stein había llevado a Echt habría de sumarse todo lo que ella alcanzó a escribir hasta el día mismo de su deportación a Auschwitz. El 6 de enero de 1945, dos años y medio después de su muerte, las hermanas carmelitas de Echt se vieron obligadas a trasladarse a un pequeño convento en Herkenbosch, a donde algunos días más tarde lograron trasladar también algunas de sus posesiones y, en dos grandes sacos, los escritos de Edith Stein. Poco tiempo después tuvieron que continuar su huida y los manuscritos de Edith Stein quedaron abandonados en el sótano del convento. La empresa de rescate de esos manuscritos se realizó gracias a la iniciativa y a la valiente acción del entonces prior de los carmelitas descalzos de Geelen, P. Avertanus y del director del "Husserls-Archiv" de la Universidad de Lovaina P. Hermann van Breda OFM. En marzo de 1945 se hicieron a la búsqueda de los manuscritos y viajaron a Herkenbosch para rescatar de entre los escombros del convento cientos de hojas manuscritas de Edith Stein, salvándolas así de la total destrucción. El P. Avertanus encomendó luego al P. Romaeus Lenven OCD dedicarse al estudio del pensamiento steiniano y a la reconstitución de sus obras.

El primer destino de los manuscritos de Edith Stein fue el "Husserls-Archiv", anexo al "Institut Superieur de Philosophie" de la Universidad de Lovaina. Allí se realizaron, gracias a la labor de la doctora Lucy Gelber, los primeros trabajos de recopilación, reconstrucción, orden y catalogación de los manuscritos steinianos. Una vez realizado este trabajo, el P. Romaeus Lenven fue llamado a Roma y nombrado "Censor" de los escritos steinianos y se le encomendó la publicación de sus obras. A partir de ese momento el "Archivum Carmelitanum Edith Stein" comenzó a funcionar como una entidad independiente con sede definitiva, primero en Lovaina y luego en Bruselas. La labor principal del mencionado archivo consiste en la administración general de los manuscritos steinianos allí depositados y en su cuidada publicación.

La sede del archivo se encuentra en: Bd. Saint-

Lazare, 11, 1210-Bruselas, Bélgica; el director del archivo es el P. Michael Linssen, Convento Carmelita, Rijksweg Noord 35, A.B.-Geelen, NL. 6162, Holanda; la administradora del archivo es Frau Dr. Lucy Gelber.

El *"Edith-Stein-Archiv"* de las Carmelitas de Colonia

En una carta fechada el 3 de enero de 1939 cuenta Edith Stein que en su huida a Holanda tuvo la dicha y la gracia de contemplar con sus propios ojos la Iglesia "María Reina de la Paz" adonde habría de trasladarse la comunidad carmelita en la que ella tomó el hábito e hizo profesión. En ese convento se encuentran actualmente las carmelitas de Colonia y el "Edith-Stein-Archiv" que guarda otra parte de los valiosos manuscritos de la filósofa y mística carmelita.

Edith Stein ingresó en la comunidad de Colonia el 14 de octubre de 1933, llevando consigo una cuantiosa biblioteca y una serie de trabajos que tenía en preparación. Entre ellos los borradores de su principal obra filosófica "Endliches und ewiges Sein. Versuch eines Aufstiegs zum Sinn des Seins" ("El ser finito y eterno. Ensayo de acceso al sentido del ser"). Llegado el momento de su partida a Echt, Holanda, se planteó el problema del destino que habrían de tener sus libros y escritos y el de la selección de los que podría llevar consigo y los que habrían de quedar en el Carmelo. No sabemos con exactitud cómo se realizó esa distribución y qué es lo que puede haberse perdido durante la guerra; lo cierto es que una serie de manuscritos quedaron en la biblioteca del convento, además de otros con que ella había obsequiado fraternalmente a sus hermanas.

Después que la Madre Teresa Renata del Espíritu Santo escribiera la primera biografía de Edith Stein aparecieron otros escritos dispersos y en Colonia se fue conformando lentamente un archivo con todo el material recopilado. Actualmente es el archivo más completo, donde se pueden encontrar todas las obras de Edith Stein, sus manuscritos, ya en forma original, ya fotocopiados y también todas las obras, revistas y artículos que tienen que ver con la vida y escritos steinianos. La administradora del Archivo es la priora del Convento Hna. María Amata Neyer OCD. Karmelitinnenkloster "Maria vom Frieden", Vor den Siebenburgen 6. 5000 Köln 1. Alemania Federal.

El archivo conventual de las Dominicas de Sta. Magdalena en Espira

Hacia la pascua de 1923 recibió Edith Stein un puesto fijo de profesora de alemán en el Liceo de las hermanas dominicas de Santa Magdalena en Espira. Los casi diez años que ella vivió en ese convento le proporcionaron una gran confianza y una relación muy íntima con diversas hermanas de la citada comunidad. En el transcurso de esos años Edith

Stein se dedicó a dictar numerosas conferencias sobre la mujer y sobre temas pedagógicos. Como documento de esas actividades y de su trabajo en el Liceo quedaron en el convento numerosos manuscritos y originales mecanografiados que todavía se conservan en el archivo conventual. El trabajo de mayor envergadura que quedó en manos de las dominicas es el manuscrito original de la traducción alemana de las cuestiones disputadas "De Veritate" de Santo Tomás de Aquino. El archivo está compuesto, además de este valioso documento, de numerosas dedicatorias, breves traducciones de himnos y textos litúrgicos y de una cantidad considerable de cartas que Edith Stein escribió a las hermanas de Santa Magdalena.

El Archivo del convento carmelita de Echt, Holanda

En el testamento que Edith Stein escribió en junio de 1939 podemos leer: "Los libros que traje conmigo, en tanto que no sean puramente científicos y de poca utilidad para las hermanas, prefiero dejarlos naturalmente al convento. Los libros de carácter científico serán recibidos seguramente con mucho aprecio por nuestros padres carmelitas, los trapenses o los jesuitas. Ruego también que se revisen mis manuscritos y según un criterio recto sean destruidos, integrados a la biblioteca o regalados como recuerdo. La historia de mi familia ruego que no sea publicada mientras viva todavía alguno de mis hermanos, y pido también encarecidamente que no les sea entregada a ellos. Solamente Rosa podría tener acceso a ella y, después de la muerte de mis otros hermanos, sus hijos. Sobre su publicación puede decidir directamente la Orden. Tengo también dos manuscritos de unos amigos extranjeros. Si no los han recogido antes de mi muerte, rogaría que les fueran entregados a sus respectivos dueños, juntamente con algún pequeño recuerdo de mis propios manuscritos... Si mi libro sobre 'El ser finito y eterno' no hubiera sido publicado antes de mi muerte pido a nuestro reverendo P. Provincial se ocupe generosamente del término de la impresión y de su publicación." (Cfr. Texto completo al final de este volumen).

Edith Stein detalló con toda precisión el destino de sus "posesiones" en el Carmelo de Echt. Casi todo ese material se encuentra actualmente en el "Archivum Carmelitanum Edith Stein". En poder del Carmelo de Echt, que fue cerrado en el año 1986, quedaron unos pocos fragmentos, las últimas cartas y esquelas de Edith Stein y un número reducido de traducciones. Un documento importante es quizá el testamento de Edith Stein que se encuentra allí y que ha sido citado parcialmente en este apartado y que se encuentra contenido al final de este volumen.

Aparte de las numerosas cartas (aproximadamente 500) de Edith Stein que se conocen y que se encuentran distribuidas por diversos archivos o en posesión de privados, hay manuscritos de Edith Stein en los archivos de las universidades de Munich, Friburgo de Brisgovia y Lovaina. En este último caso se trata de los comentarios y transcripciones de las obras de Husserl, que como es sabido acostumbraba a escribir en estenografía.

V

LAS OBRAS CONTENIDAS EN ESTE VOLUMEN

—*"El Misterio de la Nochebuena"*

Al final de su estancia en Espira comenzaba a notarse con toda nitidez que los temas que ocupaban principalmente a Edith Stein dejaban de tener un carácter puramente científico para adquirir una tonalidad espiritual y mística. Es así que en el año 1930 dicta una conferencia en Ludwigshafen cuyo tema central es el misterio de la Navidad. El opúsculo está dividido en cuatro capítulos: 1. Adviento y Navidad. 2. El séquito del Hijo de Dios hecho hombre. 3. El Cuerpo Místico de Cristo. 4. Los caminos de Salvación.

El primer capítulo es una bella descripción de la expectativa de los hombres ante el acontecimiento admirable que va a suceder el día de la Navidad. La liturgia toda se orienta a la celebración de la Encarnación del Verbo. El capítulo segundo es una invitación al seguimiento de Cristo a ejemplo de los pastores, los discípulos y los santos que nos precedieron en ese camino. El tercer capítulo está subdividido en tres partes que reflejan nuestra pertenencia al Cuerpo Místico de Cristo y representan las señales de nuestra filiación divina: La unión "con" Dios, la unión "en" Dios y el cumplimiento de su Voluntad. En el capítulo conclusivo, Edith Stein nos muestra cuáles son los caminos que nos conducen a la salvación.

—*"La Oración de la Iglesia"*

En el año 1936 surgieron en Alemania numerosos movimientos religiosos e intelectuales que intentaban presentar un frente de resistencia a la creciente influencia cultural del nacionalsocialismo. Entre otros, también la sociedad de San Bonifacio, constituida por sacerdotes y profesores católicos y con sede en la diócesis de Paderborn. En el marco de una colección titulada "Sobre las corrientes de vida de la Iglesia" ("Vom Strom des Lebens in der Kirche"), la Sociedad de San Bonifacio pidió a Edith Stein que escribiera un artículo sobre la oración. Para esa época hacía ya tres años que ella se encontraba viviendo en el Carmelo de Colonia. Como aporte a esa colección escribió este breve tratado sobre "La oración de la Iglesia", que fue publicado por primera vez en el tomo "Yo vivo y vosotros vivís" ("Ich lebe und ihr lebt") en el año 1936.

La exposición nos devela en su contenido numerosos aspectos de la concepción steiniana sobre la oración y sobre el papel que juega la persona de Cristo en la vida del orante. Su argumentación parte del carácter central que asume Cristo en la oración de alabanza de la Gloria del Padre ("la doxología"), "en la cual se resume de la manera más concisa lo que es la oración de la Iglesia". A partir de este principio explica el sentido de la oración litúrgica y eucarística, enraizadas profundamente en la tradición judía y en las formas veterotestamentarias de oración. De la oración litúrgica pasa a la oración personal, cuya clave de comprensión se encuentra en la oración y en la vida de Cristo Sumo Pontífice y mediador entre Dios y los hombres. Edith Stein centra finalmente su atención en la relación existente entre la armonía de la vida interior y las expresiones externas de esa vida en íntima unión con Dios; principalmente en su aspecto litúrgico-sacramental.

— *"Los caminos del silencio interior"*

Edith Stein escribió esta breve reflexión en el año 1932 para que fuera publicada en el boletín mensual de la "Sociedad Religiosa". El desarrollo de su pensamiento parte de una conferencia en la que se hacía mención de los atributos que hacen a la dimensión eterna del alma femenina. Su objeto no es, sin embargo, hacer un análisis psicológico exhaustivo del alma femenina, sino mostrar la importancia de la mutua cooperación entre el alma humana y la gracia divina. De parte del hombre es necesaria la apertura a la gracia y la identificación con la voluntad divina. Para conseguir este propósito es necesaria una disposición interior y exterior, que cree las condiciones de posibilidad para una verdadera unión con Dios. Los medios aptos y convenientes para penetrar en nuestra vida interior y descubrir en nosotros la presencia de Dios son muy diversos, según sean diversas las personas; de todas maneras la oración personal y litúrgica juegan en ese camino un papel de vital importancia y representan la instancia existencial que cataliza todo el resto de las tareas cotidianas.

— *"Sancta Discretio"*

La Madre Teresa Renata del Espíritu Santo, maestra de Edith Stein, más tarde su priora y, después de su muerte en Auschwitz, su primera biógrafa, concluía, a mediados del año 1938, su obra sobre "Los dones y frutos del Espíritu Santo". Como un pequeño aporte a su pensamiento y como obsequio en ocasión de la celebración de su onomástico, el 15 de octubre, escribió Edith Stein este pequeño trabajo, que fue el último durante su estancia en el convento de Colonia. El tema fundamental es el discernimiento de los espíritus, eje central de la regla de San Benito y virtud irrenunciable de todas las corrientes espirituales.

Después de un análisis semántico del término "discreción", distingue Edith Stein entre la discreción natural, que no alcanza los niveles más profundos del alma, y la discreción sobrenatural, que no es un agregado a los dones del Espíritu Santo, sino más bien la virtud que los regula. Su reflexión concluye con la descripción de la relación existente entre la discreción y cada uno de los dones del Espíritu.

— *"Amor por la Cruz"*

Esta obra, posiblemente escrita en el año 1934, fue encontrada después de la guerra entre los escritos de Edith Stein y fue publicada por primera vez en el tomo XI de sus "Obras Completas" en el año 1987. En ella están contenidas algunas reflexiones y anotaciones con motivo de la celebración de la fiesta de San Juan de la Cruz. La temática central de este escrito está determinada por el sentido y la importancia de la expiación mística. El principal fundamento de Edith Stein es que el sufrimiento humano y el camino de la Cruz sólo tienen sentido y carácter expiatorio en tanto que están unidos al sufrimiento y a la Cruz de Cristo Redentor. El anhelo por el sufrimiento en función de la expiación mística se distingue, además, radicalmente de la inclinación enfermiza y perversa por el dolor. La verdadera expiación nos une a Cristo y nos hace copartícipes de su misión redentora.

— *"Ave Crux-Spes Unica"*

Las carmelitas descalzas acostumbraban cada año renovar sus votos, el 14 de septiembre, día de la fiesta de la Exaltación de la Cruz. La priora del convento preparaba para esa ocasión una breve reflexión que era leída ante toda la comunidad. Este escrito es una de esas reflexiones que la priora del Carmelo de Echt encargó a Edith Stein y que ella escribió para el 14 de septiembre de 1939. El entorno temático está dado por los acontecimientos bélicos que se avecinaban. La angustia y el sufrimiento eran el trasfondo de esta exposición sobre la Cruz, misterio de amor y signo de contradicción. El protagonista principal es Cristo Crucificado, que exige de las religiosas la entrega absoluta de sus vidas en el cumplimiento de los votos. El Redentor, clavado en la Cruz, es el modelo de obediencia, pobreza y pureza, que se eleva entre las llamas que abrasan el mundo. El nos contempla desde la Cruz interrogante y nosotros le respondemos: "¿Señor, adónde iremos? Sólo tú tienes palabras de vida eterna".

—"Las Bodas del Cordero"

Edith Stein preparó, un año más tarde, otra reflexión con motivo de la renovación de los votos. Así surgieron estas páginas, que son introducidas con un texto del Apocalipsis (Apoc. 19,7). Estas palabras, "venerunt nuptiae Agni et uxor eius praeparavit se", están colmadas de misterio y encierran el más profundo sentido del misterio de nuestra sagrada vocación. Las cuestiones fundamentales que se tratan en este opúsculo son tres: ¿Quién es el "Cordero de Dios que quita los pecados del mundo"? ¿Quién es la esposa? Y, ¿cuál es el carácter propio de la unión nupcial que les une?

La figura del Cordero es descrita desde la óptica juanina y en relación con las figuras veterotestamentarias del cordero inmaculado ofrecido en sacrificio. La esposa es la Iglesia que, cual la nueva Jerusalén, descendió desde el cielo engalanada como una novia que se adorna para su esposo. La relación nupcial que existe entre ambos se refleja finalmente en aquellos que se dejan clavar con Cristo en la Cruz con los tres clavos que son los votos. "El voto de pobreza abre nuestras manos para que ellas dejen caer todas aquellas cosas que las tenían atrapadas y las sujeta luego, de modo que no puedan ya lanzarse a las cosas de este mundo... La santa obediencia sujeta nuestros pies para que no anden más por sus propios caminos, sino solamente por los caminos de Dios... El voto de castidad intenta liberar al hombre de todas las ataduras de la vida mundana para abrazarlo a la Cruz por encima de toda agitación y dejar libre su corazón para la fusión total con el Crucificado."

Esta obrita, junto con la anterior y el testamento completo de Edith Stein, fueron publicadas por primera vez por el autor de estas líneas y traductor de las obras steinianas en su libro: "Edith Stein. De la Fenomenología a la Mística. Una biografía de la Gracia" (Basel 1987).

— *"La exaltación de la Cruz"*

Esta es la tercera meditación steiniana con motivo de la renovación de los votos; esta vez el 14 de septiembre de 1941. Esta fue la última oportunidad en que Edith Stein pudo celebrar la fiesta de la Exaltación de la Cruz en el Carmelo de Echt. Poco menos de un año más tarde, en agosto de 1942, sería deportada y asesinada en Auschwitz. La temática es similar a la de las obras anteriormente descritas y el hilo central se desarrolla en torno a una nueva interpretación de los votos religiosos.

— *"Epifanía"*

Este es un texto de fecha incierta. Por su contenido no existe la menor duda de que fue escrito para la fiesta de la Epifanía, el 6 de enero. Paralelamente existen en el Archivo de Bruselas un texto escrito para la fiesta de la Epifanía del año 1941 y otro en lengua holandesa del 6 de enero de 1942. Como Edith Stein llegó al Carmelo de Echt el 1 de enero de 1939 es muy improbable que sea de ese año, sólo resta como fecha posible el 1 de enero de 1940. La distinción fundamental que hace Edith Stein es entre "Iglesia visible" y la "Iglesia invisible". La pertenencia a la una o a la otra escapa a la capacidad de la razón humana.

—"En torno al pesebre de Belén"

Este es el escrito anteriormente mencionado y que
Edith Stein escribió con motivo de la fiesta de la
Epifanía del año 1941. De manera similar a lo que
había hecho en "El Misterio de la Nochebuena", des-
cribe en él el desarrollo de las fiestas litúrgicas desde
la Navidad hasta la fiesta de la Epifanía. A ese cuadro
formado por María y José, San Esteban, los Santos
Inocentes, el evangelista Juan y los Sabios de Oriente
pertenecen también todos aquellos que se han entregado a El en la vida religiosa y que están unidos a El
por el Pan de la Eucaristía.

—"Una ofrenda de Amor"

Este texto fue escrito por Edith Stein con motivo
de la profesión temporal de la Hermana Miriam de
Santa Teresita del Niño Jesús, el 16 de julio de
1940. El contacto de Edith Stein con las novicias
del Carmelo de Echt era muy intenso, pues todas
ellas tenían la oportunidad de afianzar sus conocimientos del latín con la nueva "doctora" venida de
Colonia. La hermana Miriam era una de estas novicias que todos los días asistían a las clases de Edith
Stein. Se puede muy bien decir que se trata aquí de
un escrito mariano que concluye con una reflexión
sobre el voto de obediencia.

— *"La conducción de la vida según el espíritu de Santa Isabel"*

Edith Stein fue durante sus años en Espira una conferenciante muy solicitada. La cuestión de la mujer y temas de carácter pedagógico fueron los que la ocuparon de manera particular. El texto que aquí presentamos es una conferencia que ella dictó posiblemente en varias ocasiones. El manuscrito que se conserva en el archivo está firmado por ella y corresponde a la conferencia dictada en Zürich el 24 de enero de 1932. No ha de ser confundido con otra conferencia sobre Santa Isabel de Hungría, que dictó también repetidas veces, y que, con algunas variantes, responde al texto aquí publicado. Ambas conferencias fueron publicadas en periódicos, revistas y antologías de las obras steinianas. El carácter general de la conferencia es el de una biografía, en donde se refleja una espiritualidad que ha sido en muchos aspectos superada por el sentir de la Iglesia contemporánea. De cualquier manera vale la pena detenerse en este texto que nos presenta una figura de la hagiografía cristiana.

— *"Sobre la historia y el espíritu del Carmelo"*

La presencia de la espiritualidad carmelitana no es igualmente fuerte en los distintos países y en los diversos contextos culturales. Consciente de ello Stein intentó hacer una especie de resumen que transmitiera de manera concisa las etapas fundamentales de la evolución histórica de la Orden Carmelita. Paralelamente mencionó e interpretó brevemente los puntos fundamentales de la espiritualidad carmelitana. En la lectura de este artículo hay que tener en cuenta que se trata de un aporte escrito para un periódico, y que por ello debía ser en su estructura y lenguaje comprensible y accesible al lector, que quizá no había oído nunca nada sobre el tema. El texto fue publicado por primera vez en el suplemento dominical del "Augsburger Postzeitung" del 31 de marzo de 1935.

— *"Testamento"*

Según las prescripciones de la regla de las Carmelitas Descalzas Edith Stein había escrito un testamento antes de su primera profesión, el 21 de abril de 1935. Antes de su traslado a Holanda se planteó el problema de las dificultades que ese testamento habría podido causar en el paso de la frontera. La priora del convento de Colonia decidió entonces destruir este testamento original, cuyo texto se perdió de esa manera para siempre. Edith Stein, una vez en Holanda, escribió un testamento nuevo que quedó guardado en el archivo del convento de Echt y que fue rescatado junto con sus escritos y otros documentos. El texto que aquí presentamos está fechado el 9 de junio de 1939, el viernes de la Octava de Corpus Christi, al séptimo día de sus ejercicios espirituales.

Es de notar que, a excepción de la obra "El Misterio de la Nochebuena", todos los demás artículos y conferencias se publican por primera vez en lengua castellana. Este tomo es además el primero de una serie en la cual se publicarán los escritos de Edith Stein sobre la mujer, sobre las obras de San Juan de la Cruz y Santa Teresa de Avila y sobre temas colindantes de la teología y la filosofía.

ESCRITOS
DE EDITH STEIN

1

El misterio de la Nochebuena

1. Adviento y Navidad

Cuando los días se acortan paulatinamente y en un invierno normal comienzan a caer los primeros copos de nieve, surgen tímida y calladamente los primeros pensamientos de la Navidad. De la sola palabra brota ya un encanto especial, al cual apenas un corazón puede presentar resistencia. Aquellos que no comparten nuestra fe y aún los no creyentes, para los cuales la vieja historia del Niño de Belén carece de significado, se preparan para esta festividad y discurren modos y maneras de encender aquí y allá un rayo de felicidad. Es como si desde semanas y meses atrás un cálido torrente de amor se desbordase sobre la tierra. Una fiesta de amor y alegría, esto es la estrella hacia la cual marchamos todos en los primeros meses de invierno. Para los cristianos y, en especial para los católicos, significa algo todavía más profundo. La estrella los conduce hasta el pesebre con el Niño que trajo la paz al mundo. El arte cristiano nos lo presenta ante nuestros ojos en numerosas y tiernas imágenes; viejas melodías, en las cuales resuena todo el encanto de la infancia, nos hablan de él.

Las campanas del "rorate" y los cánticos del Adviento despiertan en el corazón del que vive con la Iglesia un anhelo santo; y aquel que ha penetrado en el inagotable manantial de la liturgia se siente día a día más profundamente estremecido por las palabras y promesas del Profeta de la Encarnación que dice: "¡Que caiga el rocío del cielo! ¡Que las nubes lluevan al justo! (Isaías, 45,8). ¡El Señor está cerca, venid adorémosle! ¡Ven, ven Señor, no tardes! ¡Alégrate Jerusalén, llénate de gozo porque viene tu Salvador! (Zacarías, 9,9) "

Desde el 17 hasta el 24 de diciembre resuenan las solemnes antífonas "Oh" del Magnificat (¡Oh Sabiduría!; ¡Oh Adonai!; ¡Oh Raíz de Jesé!; ¡Oh Llave de David!; ¡Oh Amanecer!; ¡Oh Rey de los pueblos!) llamando cada vez más fervientes y ansiosas: "¡Ven a salvarnos!" Cada vez más prometedor resuena también el "He aquí que todo se ha cumplido" (en el último domingo de Adviento); y finalmente: "Hoy veréis que el Señor se acerca y mañana contemplaréis su grandeza". Precisamente cuando al anochecer se enciende el Arbol de Navidad y comienza el intercambio de regalos, un ansia todavía insatisfecha nos impulsa hacia afuera, hacia el resplandor de otra luz, hasta que las campanas tocan a la Misa del Gallo y el misterio de la Nochebuena se renueva sobre los altares cubiertos de flores y de luces: "¡Y el Verbo se hizo carne!" (Jn. 1,14). Esa es la hora de la plenitud.

46

2. El séquito del Hijo de Dios hecho hombre

Todos nosotros hemos sentido alguna vez una tal felicidad en la Nochebuena, aun cuando el cielo y la tierra todavía no se han unido. La estrella de Belén es todavía hoy una estrella en la noche oscura. Apenas dos días después se quita la Iglesia las vestiduras blancas y se reviste del color de la sangre, al cuarto día del morado de la tristeza. San Esteban, el Protomártir, el primero que siguió al Señor en el martirio y los Santos Inocentes de Belén y de Judá, los niños de pecho brutalmente degollados por los soldados de Herodes, son el cortejo del Niño del Pesebre. ¿Qué significa esto? ¿Dónde está el júbilo de los ejércitos celestiales? ¿Dónde la callada beatitud de la Nochebuena? ¿Dónde la paz sobre la tierra? "Paz en la tierra a los hombres de buena voluntad". Pero no todos tienen buena voluntad.

Es por eso que el Hijo del Eterno Padre tuvo que bajar desde la grandeza de su gloria a la pequeñez de la tierra, ya que el misterio de la iniquidad la había cubierto de las sombras de la noche.

Las tinieblas cubrían la tierra y El vino a nosotros como la luz que alumbra en las tinieblas, pero las tinieblas no lo recibieron. A aquellos que lo recibieron, les trajo El la luz y la paz; la paz con el Padre en el cielo, la paz con todos aquellos que igualmente son hijos de la luz y del Padre celestial y la profunda e íntima paz del corazón. Pero de ninguna manera la paz con los hijos de las tinieblas. El Príncipe de la paz no les trae a ellos la paz sino la espada. Para ellos es él piedra de tropiezo, contra la cual chocan y se estrellan.

Esta es una verdad difícil y muy seria que no debemos encubrir con el poético encanto del Niño de Belén. El misterio de la Encarnación y el misterio del mal están muy íntimamente unidos. Frente a la luz que ha venido de lo alto se vuelven las tinieblas del pecado tanto más oscuras y lúgubres. El Niño del pesebre extiende sus bracitos y su sonrisa parece predecir lo que más tarde pronunciarán los labios del hombre: "Venid a mí todos los que estáis cansados y agobiados, que yo os aliviaré" (Mt. 11,28). A aquellos que escucharon su llamada, a los pobres pastores, a quienes el resplandecer del cielo y la voz de los ángeles les anunciaron la buena noticia en los campos de Belén y que, poniéndose en camino, respondieron a esa llamada diciendo: "Vamos a Belén" (Lc. 2,15); también a los reyes que desde el lejano Oriente habían seguido con fe sencilla la maravillosa estrella, a todos ellos les fue derramado el rocío de la gracia que emanaba de las manos del pequeño Niño y fueron "colmados de un gran gozo" (Mt. 2,10).

Esas manos conceden y exigen al mismo tiempo: vosotros sabios, deponed vuestra sabiduría y hacéos sencillos como los niños; los reyes, entregad vuestras coronas y tesoros e inclináos humildemente ante el Rey de los Reyes y aceptad sin titubeos los trabajos, penas y sufrimientos que su servicio exige. De vosotros niños, que no podéis dar nada todavía voluntariamente, de vosotros toman las manos del Niño Jesús la ternura de vuestra vida, antes casi de que haya comenzado. Ella no podría ser mejor empleada que en el sacrificio por el Señor de la Vida.

¡Sígueme! De esa manera se expresan las manos del Niño, como más tarde lo harán los labios del hombre (Mc. 1,17). Así hablaron sus labios al discípulo que el Señor amaba y que ahora también pertenece a su séquito. El mismo Juan, el más joven de todos, el discípulo con corazón de niño, lo siguió sin preguntar adónde o para qué. Abandonó la barca de su padre y siguió al Señor por todos sus caminos hasta la cumbre misma del Gólgota.

¡Sígueme! Lo mismo hizo también Esteban. Siguió los pasos del Señor en la lucha contra el poder de las tinieblas y contra el enceguecimiento de la incredulidad empedernida; finalmente dio testimonio de El con su palabra y con su sangre. Lo siguió también en el espíritu; en el espíritu de Amor que combate el pecado, pero que ama al pecador y que, aun frente a la muerte, intercede ante Dios por sus asesinos.

Estas son las figuras de la luz que se arrodillan en torno al pesebre: los tiernos niños inocentes, los fieles pastores, los humildes reyes, San Esteban, el discípulo entusiasta, y Juan, el apóstol del amor.

Todos ellos siguieron la llamada del Señor. Frente a ellos se extiende la noche cerrada de la incomprensible dureza de corazón y de la ceguera de espíritu: la de los escribas, que podían señalar con exactitud el momento y el lugar donde el Salvador del mundo habría de nacer, pero que, sin embargo, fueron incapaces de deducir de allí un decidido:

"Vamos a Belén" (Lc. 2,15); y la del rey Herodes que quiso quitar la vida al Señor de la Vida.

Frente al Niño recostado en el pesebre se dividen los espíritus. El es el Rey de los Reyes y Señor sobre la vida y la muerte. El pronuncia su "sígueme" y el que no está con El está contra El. El nos lo dice también a nosotros y nos coloca frente a la decisión entre la luz y las tinieblas.

3. El cuerpo místico de Cristo

a) La unión con Dios.

No sabemos lo que el Niño divino nos tiene reservado en esta tierra y tampoco debemos preguntárnoslo antes de tiempo. Sólo una cosa es cierta: que todo lo que sucede a quienes aman al Señor es para su propio bien. Y además, que los caminos que nos conducen al Salvador traspasan los límites de la vida terrena.

¡Oh admirable intercambio! El creador del género humano nos presenta su divinidad al tomar un cuerpo. El Salvador ha venido al mundo para realizar esa obra admirable. Dios se hizo Hijo del Hombre para que todos los hombres llegaran a ser hijos de Dios. Uno de nuestra raza había roto el lazo de nuestra filiación divina, y uno de nosotros habría de unirlo nuevamente para alcanzar la remisión de los pecados. Nadie de la vieja y enferma raza podría haberlo hecho; por eso había de florecer un brote nuevo, sano y noble. Así llegó a ser El uno de nosotros, pero no sólo eso, sino también "uno con nosotros".

He aquí lo maravilloso del género humano: que todos somos uno. Si fuera de otra manera, si todos viviésemos separados, independientes los unos de los otros, la caída de uno no significaría la caída de todos. Por otra parte la expiación de uno no podría haber sido aplicada a todos: si su salvación no pudiese transmitirse a todos, en ese caso no sería posible la justificación. Pero El vino para formar con nosotros un cuerpo místico, para transformarse en nuestra Cabeza y a nosotros en sus miembros. Pongamos nuestras manos en las manos del niño divino, respondamos con un "SI" a su "SIGUEME" y entonces seremos de verdad suyos y el camino estará libre para que su vida divina llegue a nosotros.

Este es el principio de la vida eterna en nosotros. No es todavía la visión beatífica de la luz de la gloria, más bien es la oscuridad de la fe, pero que ya no pertenece a este mundo, sino al Reino de Dios. Cuando la Bienaventurada Virgen María pronunció su "fiat" entonces comenzó el reino de los cielos en la tierra, y ella fue su primera servidora; y todos los que con palabras y hechos, antes y después del nacimiento del Niño, se proclamaron suyos —San José, Santa Isabel con su hijo y todos los que estaban junto a El en el pesebre— entraron a formar parte de ese reino celestial.

Todo aconteció de modo muy diverso a lo que se podría pensar después de la lectura de lo que dicen los salmos y profetas sobre la implantación del

Reino de Dios. Los romanos continuaron siendo los dominadores del país, y los Sumos Sacerdotes y Escribas siguieron sometiendo a los pobres del pueblo, bajo el pesado yugo de la ley.

Todos los que pertenecían al Señor llevaban, sin embargo, imperceptiblemente el Reino de Dios en sus corazones. La carga terrestre no les fue quitada, incluso se les hizo más pesada, pero lo que ese reino les ofrecía era una fuerza alentadora que hacía el yugo suave y la carga ligera. Lo mismo ocurre hoy en día con todo hijo de Dios. La vida divina que se enciende en el alma es la luz que brilla en las tinieblas, el milagro de la Nochebuena. El que lleva esa luz consigo comprende lo que se dice de ella; para los otros, sin embargo, todo lo que se dice de ella es un balbuceo ininteligible. Todo el Evangelio de San Juan es un canto a la Luz eterna que, simultáneamente, es vida y amor. Dios en nosotros y nosotros en El, en esto consiste nuestra participación en el Reino de Dios, cuyo fundamento ha sido colocado con la Encarnación del Verbo.

b) La unión en Dios.

El primer paso es estar unidos con Dios, pero a éste le sigue inmediatamente un segundo. Si Cristo es la Cabeza y nosotros los miembros del Cuerpo Místico, entonces nuestras relaciones mutuas son de miembro a miembro, y todos los hombres somos uno en Dios, una única vida divina. Si Dios es Amor y vive en cada uno de nosotros, no puede suceder de otra manera, sino que nos amemos con amor de hermanos. Por eso precisamente es nuestro amor al prójimo la medida de nuestro amor a Dios. Este último es, sin embargo, distinto al amor natural que tenemos por los hombres. El amor natural vale sólo para aquellos que están unidos a nosotros por un vínculo de sangre, por una afinidad de caracteres o por intereses comunes. Los otros son "extraños", que poco nos interesan, y que incluso pueden provocarnos un cierto rechazo, de tal manera que hasta los evitamos físicamente. Para los cristianos no existen los "extraños". Nuestro "Prójimo" es todo aquel que en cada momento está delante de nosotros y que nos necesita, independientemente de que sea nuestro pariente o no, de que nos caiga bien o nos disguste, o de que sea "moralmente digno" o no de ayuda. El amor de Cristo no conoce fronteras, no se acaba nunca y no se echa atrás frente a la suciedad y la miseria. Cristo ha venido para los pecadores y no para los justos, y si el amor de Cristo vive en nosotros, entonces obraremos como El obró, e iremos en busca de las ovejas perdidas.

El amor natural busca muchas veces apoderarse de la persona amada para poseerla, en la medida de lo posible, enteramente. Cristo ha venido al mundo para reintegrar al Padre la humanidad perdida, y quien ama con su amor quiere también a los hombres para Dios y no para sí. Este es, sin duda alguna, el camino más seguro para poseerlos eternamente, pues si hemos acunado a un hombre en Dios, entonces llegamos a ser uno con él en

Dios, mientras que el afán de "conquistarlo" para nosotros nos lleva casi siempre —tarde o temprano— a perderlo para siempre.

Existe un principio válido para todas las almas y para los bienes exteriores: quien se ocupa afanosamente de ganar y acopiar, ese pierde; pero el que ofrece a Dios, ese gana para siempre.

c) Hágase tu voluntad.

Con esto referimos un tercer signo de la filiación divina. La unión con Dios era el primero; que todos seamos uno en Dios el segundo; el tercero se expresa de la siguiente manera: "En esto reconozco que me amáis, en que cumplís mis mandamientos" (Jn. 14,15).

Ser hijo de Dios significa: caminar siempre de la mano de Dios, hacer su voluntad y no la propia, poner todas nuestras esperanzas y preocupaciones en las manos de Dios y confiarle también nuestro futuro. Sobre estas bases descansan la libertad y la alegría de los hijos de Dios. ¡Qué pocos, aun de entre los verdaderamente piadosos y dispuestos al sacrificio heroico, poseen este don precioso! Muchos de ellos marchan por la vida encorvados bajo el peso de sus preocupaciones y deberes.

Todos conocen la parábola de los pájaros del cielo y de los lirios del campo (Mt. 6,26 ss.) sin embargo, cuando encuentran a un hombre que no tiene ni fortuna, ni jubilación, ni garantías, ni seguros, pero que sin embargo vive feliz y despreocupado de su futuro, entonces menean la cabeza y lo contemplan como un caso extraordinario.

Sin duda alguna que se equivoca el que espera que el Padre celestial se ocupe de su sueldo y el nivel de vida que él considera digno. El que piensa de esa manera tiene que haber hecho un muy mal cálculo. La confianza en Dios puede llegar a ser inamovible solamente si presupone la disposición de aceptar todo lo que venga de la mano del Padre. Sólo El sabe con certeza qué es lo que nos hace bien. Y si alguna vez son más convenientes la necesidad y la privación que una renta segura y bien dotada, o el fracaso y la humillación mejor que el honor y la fama, hay que estar también dispuesto a aceptarlo. Sólo actuando de esa manera se puede vivir feliz en el presente y en el futuro.

El "¡hágase tu voluntad!" (Mt. 6,10) en todo su sentido y profundidad tiene que ser el hilo conductor de toda vida cristiana. Esa disposición debe regular el curso del día, de la mañana a la noche, el pasar de los años y, en suma, la vida total. Esa habrá de ser además la única preocupación del cristiano. Todos los demás cuidados los toma el Señor sobre sí. Esa, sin embargo, permanece bajo nuestra responsabilidad durante toda nuestra vida. Objetivamente hablando nunca tendremos la certeza absoluta de permanecer hasta el fin en los caminos de Dios. Así como los primeros hombres pasaron de la filiación divina a apartarse de Dios, de la misma manera cada uno de nosotros se encuentra en el filo de la navaja entre la nada y la plenitud de la vida divina, y tarde o temprano lo percibimos individualmente.

En la infancia de la vida espiritual, cuando comenzamos a abandonarnos a la mano conductora de Dios, lo percibíamos con fuerza e intensidad; con toda claridad veíamos qué era lo que teníamos que hacer u omitir. Sin embargo esta situación no puede permanecer siempre así. Quien pertenece a Cristo debe vivir la vida de Cristo en su totalidad, ha de alcanzar la madurez del Salvador y andar por el camino de la Cruz, hasta el Getsemaní y el Gólgota. Y todos los sufrimientos que vienen de fuera son nada en comparación con la noche del alma, cuando la luz divina ha desaparecido y la voz del Señor no se escucha más. Dios está allí presente, pero escondido y silencioso. ¿Y por qué sucede esto de esa manera? Se trata de secretos de Dios, sobre los cuales hablamos, pero que en definitiva nunca podremos dilucidar totalmente. Sólo alcanzamos a vislumbrar algunas facetas de ese misterio y por eso Dios se hizo hombre, para hacernos participar de una manera nueva de su vida divina.

Ese es el comienzo y la meta final, pero en medio existe todavía otra cosa. Cristo es Dios y hombre al mismo tiempo y quien quiere compartir su vida tiene que participar de su vida divina y humana. La naturaleza humana que El asumió le dio la posibilidad de padecer y morir; la naturaleza divina que El poseía desde toda la eternidad le dio a su pasión y muerte un valor infinito y una fuerza redentora. La pasión y muerte de nuestro Señor

Jesucristo se continúan en su cuerpo místico y en cada uno de sus miembros. Todo hombre tiene que padecer y morir, pero si él es un miembro vivo del cuerpo místico de Cristo, entonces su sufrimiento y su muerte reciben una fuerza redentora en virtud de la divinidad de la Cabeza. Esa es la razón objetiva de por qué los santos anhelaban el sufrimiento. No se trata de un gusto patológico por el sufrimiento.

A los ojos de la razón natural puede parecer esto una perversión, pero a la luz del misterio de la salvación es lo más razonable. Es así que los que están realmente unidos a Cristo permanecen inquebrantables, aun cuando en la oscuridad de la noche experimentan personalmente la lejanía y el abandono de Dios. Quizá permite la divina Providencia el sufrimiento precisamente para liberar a quienes están atados. Por eso, "hágase tu voluntad", también y sobre todo en la noche más oscura.

4. Los Caminos de Salvación

Pero..., ¿cómo podemos pronunciar ese "¡hágase tu voluntad!" si no tenemos ninguna certeza de lo que la voluntad de Dios exige de nosotros? ¿Tenemos algún medio que nos mantenga en sus caminos cuando se apaga la luz interior? Efectivamente, existen esos medios y son tan fuertes que hacen casi absolutamente improbable la posibilidad de equivocarnos. Dios vino al mundo para salvarnos, para unirnos con él y para hacer nuestra voluntad semejante a la suya. El conoce nuestra naturaleza y cuenta con ella, por eso nos ha regalado todo aquello que nos puede ayudar a alcanzar la meta.

El Niño divino llegó a ser nuestro maestro y nos ha dicho qué es lo que tenemos que hacer. No basta con arrodillarse una vez al año frente al pesebre, dejándose cautivar por el mágico encanto de la Nochebuena para que la vida humana sea inundada de la vida divina. Más bien es necesario que toda nuestra vida esté en contacto con Dios, que pongamos oído atento a las palabras que él ha pronunciado y que nos han sido transmitidas y que las llevemos a la práctica. Sobre todas las cosas hemos de rezar tal como el mismo Señor nos lo enseñó y con insistencia nos lo inculcó: "Pedid y recibiréis" (Mt. 7,7). Esa es la garantía de que seremos oídos. Y quien cada día y de corazón dice "Señor, hágase tu voluntad", puede confiar plenamente en que no actuará en contra de la voluntad de Dios, aun cuando no tenga una certeza subjetiva.

Por otra parte, Cristo al subir al cielo no nos dejó como huérfanos, sino que nos envió su Espíritu para que nos enseñara la verdad plena. Además fundó la Iglesia, que es conducida por el Espíritu Santo, y puso en ella a su representante por cuya boca nos habla su Espíritu con palabras humanas. En la Iglesia ha unido Cristo a todos los creyentes en una comunidad viva, y quiere que todos se apoyen mutuamente. De esa manera no estamos solos, y cuando la confianza en el propio entender y hasta incluso en la oración fallan, nos sostiene la fuerza de la obediencia y de la intercesión.

"¡Y el Verbo se hizo carne!" He aquí la Verdad sublime del establo de Belén. Esa verdad, sin embargo, alcanzó todavía una nueva plenitud: "El que come mi carne y bebe mi sangre, ese tiene la vida eterna". El Salvador que sabe muy bien que somos hombres y que permanecemos hombres, que cada día tenemos que luchar con innumerables debilidades, viene en nuestra ayuda de manera verdaderamente divina. Así como el cuerpo necesita del pan cotidiano, de la misma manera necesita la vida divina de un sustento duradero. "Este es el pan vivo bajado del cielo" (Jn. 6,58). Quien hace de El su pan cotidiano realiza en su persona cada día el misterio de la Nochebuena, de la Encarnación del Verbo. Y ese es el camino más seguro para alcanzar la unión duradera con Dios y para integrarse cada día más fuerte y profundamente en el Cuerpo Místico de Cristo.

Sé muy bien que esto puede parecer a algunos un deseo demasiado radical. En la práctica significa para la mayoría de los que se convierten un cambio total de la vida interior y exterior. Y esto es precisamente lo que debe ser. En nuestra propia vida tenemos que hacer sitio para el Salvador de la Eucaristía, para que El pueda transformar nuestra vida en la suya.

¿Significa esto pedir demasiado? Muchas veces tenemos tiempo para tantas cosas inútiles, para leer tonterías en libros, revistas y diarios de poca seriedad; para pasarnos horas enteras en los cafés, o para malgastar un cuarto o una media hora en la calle. Todo esto no es más que disipación en la que derrochamos el tiempo y las fuerzas.

¿Es que no es posible ahorrar una hora en la mañana, en la que podamos recogernos en vez de distraernos, en la que no malgastemos nuestras energías, sino que ganemos fuerzas para vencer con ellas en las luchas que nos depara el día? Sin duda alguna se necesita para ello algo más que una hora. Hemos de vivir de tal manera que a la una se suceda la otra y éstas preparen las que vienen. De ese modo se hace imposible "dejarse llevar por la corriente" del día, aunque no sea más que transitoriamente. Además no podemos escapar del juicio de aquellos y aquellas cosas con las que cotidianamente estamos ocupados. Aun cuando no se diga una palabra, cada uno percibe qué es lo que los otros piensan de nosotros. Cada uno intenta también adaptarse al ambiente que lo rodea, y si esto no es posible, la vida se convierte en un tormento.

Lo mismo ocurre en nuestra relación diaria con el Salvador: cada día crece nuestra sensibilidad para percibir lo que le agrada y lo que no le agrada. Si hasta ese momento estábamos relativamente contentos con nosotros mismos, a partir de nuestro encuentro con El se van a transformar muchas cosas de nuestra vida. Vamos a descubrir muchas facetas de nuestra vida que no son del todo buenas e intentaremos cambiarlas en la medida de lo posible, y otras que tampoco son buenas, pero que a la vez son casi imposibles de cambiar. Con ello podremos crecer en humildad y llegaremos a ser pacientes y comprensivos frente a la paja en el ojo ajeno, pues tendremos clara conciencia de la viga en el propio. Finalmente aprenderemos a aceptarnos tal cual somos a la luz de la presencia divina y a abandonarnos a la misericordia de Dios que puede alcanzar todo aquello de lo que nuestras propias fuerzas son incapaces.

Desde la satisfacción propia del "buen católico", que "cumple con sus obligaciones", que prefiere "las buenas lecturas" y que toma "las opciones correctas", pero que, en suma, hace sólo aquello para lo cual se siente inclinado, hay todavía un largo camino hasta la conducción de la propia vida de y en las manos de Dios, con la sencillez del niño y la humildad del publicano. Sin embargo, quien ha comenzado a andar por ese camino no le abandonará, por duro que éste sea. Según esto "filiación divina" significa al mismo tiempo grandeza y pequeñez. Vivir eucarísticamente quiere decir así, salir por decisión personal de la estrechez de la propia vida para crecer en la inmensidad de la Vida de Cristo. Quien busca al Señor en su propia casa no va a ocuparse más sólo de su persona y de sus asuntos particulares, sino que más bien comenzará a interesarse por los asuntos de Dios. La participación en el sacrificio eucarístico cotidiano nos sumerge imperceptiblemente en la totalidad de la vida litúrgica. Las oraciones y los rituales del culto divino nos presentan, en el ciclo del año litúrgico la historia de la salvación y nos permiten penetrar más profundamente en su sentido.

El sacrificio eucarístico acuna en nuestra alma el misterio central de nuestra fe, que a la vez es el eje de la historia universal: el misterio de la Encarnación y de nuestra salvación. ¿Quién podría participar del sacrificio eucarístico con un espíritu y un corazón abierto sin ser invadido por el sentido profundo de este sacrificio y sin sentirse penetrado por las ansias de que la pequeñez de su persona sea integrada en la grandiosa obra del Redentor?

Los misterios del cristianismo son una totalidad indivisible. Cuando profundizamos en uno de ellos somos conducidos automáticamente a todos los otros. Así nos lleva el camino de Belén forzosamente al Gólgota y el pesebre a la cruz. Cuando la Virgen María presentó al Niño Jesús en el templo le fue profetizado que una espada atravesaría su corazón y que ese Niño sería ocasión de caída y de resurrección para muchos, un signo de contradicción. Ese fue el preanuncio de la Pasión, de la lucha entre la luz y las tinieblas, que ya se manifestaba en el pesebre.

Algunos años se celebran casi simultáneamente las fiestas de la Candelaria y de Septuagésima, la fiesta de la Encarnación y la preparación de la Pasión. En la noche del pecado reluce la estrella de Belén. Sobre el resplandor que desborda del pesebre se proyecta la sombra de la cruz. La luz se extingue en la oscuridad del Viernes Santo, pero se eleva esplendorosa como el sol de la gracia en la mañana de la Resurreción. A través de la cruz y del dolor a la gloria de la resurrección, ese fue el camino del Hijo de Dios hecho hombre.

Alcanzar con el Hijo del Hombre la gloria de la resurrección a través del sufrimiento y de la muerte es el camino para cada uno de nosotros y para toda la humanidad.

2

LA ORACIÓN DE LA IGLESIA

"Por El, con El y en El, a ti, Dios Padre omnipotente en la unidad del Espíritu Santo, todo honor y toda gloria por los siglos de los siglos."

Con estas solemnes palabras concluye el sacerdote en la celebración de la Eucaristía las oraciones que tienen como punto central el acontecimiento lleno de misterio de la Transubstanciación. Al mismo tiempo se resume allí de la manera más concisa lo que es la oración de la Iglesia: Gloria y honor del Dios Uno y Trino por, con y en Cristo. Aun cuando estas palabras estén dirigidas al Padre, es de notar que no hay una glorificación al Padre que no sea al mismo tiempo glorificación del Hijo y del Espíritu Santo. La doxología proclama la gloria que el Padre comparte con el Hijo y ambos con el Espíritu Santo por todos los siglos de los siglos.

Toda alabanza dirigida a Dios acontece por, con y en Cristo. Por El, porque la humanidad tiene acceso al Padre sólo por Cristo y porque su ser humanodivino y su obra de salvación representan la glorificación más perfecta del Padre. Con El, porque cada oración auténtica es el fruto de la unión con Cristo y al mismo tiempo un refuerzo de esa unión; además porque cada alabanza del Hijo es una alabanza del Padre y viceversa. En El, porque Cristo mismo es la Iglesia orante y cada orante en particular un miembro vivo de su Cuerpo Místico y, además, porque el Padre está en el Hijo y en el Hijo se hace visible el resplandor y la gloria del Padre. El sentido doble del "por", "con" y "en" se transforma de esa manera en la expresión del carácter mediador del Verbo Encarnado.

Así podemos decir que la oración de la Iglesia es la oración del Cristo viviente y encuentra su modelo original en la oración de Cristo durante su vida terrena.

1. La oración de la Iglesia como Liturgia y como Eucaristía

Por los relatos evangélicos sabemos que Cristo rezó como rezaba todo judío creyente y fiel a la ley. También sabemos que, en los años de su infancia con sus padres y más tarde con los discípulos, peregrinaba en las épocas prescritas a Jerusalén para celebrar las grandes fiestas en el Templo. Sin duda alguna cantó junto con los suyos lleno de entusiasmo los himnos de gozo que brotaban de la alegría inmensa de los peregrinos: "¡Que alegría cuando me dijeron, vamos a la casa del Señor!" (Salmo 121,1). Las narraciones del último encuentro de Jesús con sus discípulos, que estuvo dedicado al cumplimiento de una de las más sagradas obligaciones religiosas, a saber, la celebración solemne de la Cena Pascual, en conmemoración de la liberación de la esclavitud de Egipto, nos testifican que El pronunciaba las antiguas bendiciones judías, tal como se rezan todavía hoy sobre el pan, el vino y los frutos del campo. Quizá sea precisamente ese encuentro el que nos pueda dar la visión más profunda de la oración de Cristo y la clave para la comprensión de la oración de la Iglesia.

"Y mientras estaban comiendo tomó Jesús el pan, lo bendijo y dándoselo a sus discípulos dijo: 'Tomad y comed, este es mi cuerpo.' Luego tomó el cáliz y dadas las gracias se lo dio diciendo: 'Tomad y bebed todos de él, porque esta es la Sangre de la Nueva Alianza que será derramada por muchos para el perdón de los pecados.' " (Mt. 26,26-28.)

La bendición y fracción del pan y la bendición y entrega del vino pertenecían ya al rito del banquete pascual, pero ambos gestos reciben en este momento un sentido totalmente nuevo. En este preciso instante comienza la vida de la Iglesia. Ella se presentará públicamente, como una comunidad visible y llena del Espíritu, el mismo día de Pentecostés, pero aquí, durante la cena pascual, se realiza el injerto de los sarmientos en la vid, lo cual hizo posible que les fuera derramado el Espíritu.

Las antiguas bendiciones se convirtieron en boca de Cristo en palabras creadoras de vida. Los frutos de la tierra se convirtieron en su Cuerpo y su Sangre y fueron colmados de vida. La creación visible de la cual Cristo había tomado parte por medio de la encarnación se fusionaría con El de una manera nueva y misteriosa. Los elementos que sirven para la constitución del cuerpo humano son transformados sustancialmente y, por su recepción, son transformados también los hombres, son introducidos en la unidad de vida con Cristo y planificados con su vida divina. La fuerza vivificadora de la palabra está íntimamente unida a la víctima inmolada. La Palabra se hizo carne para ofrecer en holocausto la vida carnal que había asumido; para ofrecerse a sí misma y, por su entrega, presentar la creación redimida como ofrenda de alabanza al Creador.

La memoria de la Antigua Alianza se convirtió, en la Ultima Cena de Cristo con sus apóstoles, en el banquete pascual del Nuevo Testamento, en la ofrenda de la cruz del monte Calvario, en el gozoso banquete entre la Pascua y la ascensión al cielo, en el cual los discípulos reconocieron al Señor en la fracción del pan, y en la ofrenda eucarística con la santa comunión.

Cuando Jesús tomó el cáliz, dio gracias; aquí podemos pensar en las palabras de bendición que están contenidas en una acción de gracias al Creador. También sabemos que Cristo acostumbraba a dar gracias cuando, frente a un milagro, elevaba los ojos al cielo. El daba gracias al Padre porque sabía que le escuchaba. Cristo da gracias por la fuerza divina que lleva en sí mismo y a través de la cual puede presentar a los ojos de los hombres el poder infinito del Creador. El da gracias por la obra de salvación que ha venido a realizar y también a través de ella, que en sí misma es glorificación de la divinidad trinitaria, porque por esa obra de salvación se renueva y embellece la imagen y semejanza divina de la creación que había sido deformada por el pecado.

De esta manera podemos interpretar la ofrenda perpetua de Cristo —en la Cruz, en la Eucaristía y en la gloria eterna del cielo— como una única acción de gracias al Creador, como una acción de gracias por la creación, la salvación y la planificación. Cristo se ofrece a sí mismo en nombre del mundo creado, cuyo modelo es El mismo y al cual ha descendido para transformarlo desde dentro y para conducirlo a la perfección. El invita también a toda la creación a unírsele en el ofrecimiento de acción de gracias debido al Creador.

A la Antigua Alianza le había sido dada ya la comprensión del carácter "eucarístico" de la oración: las imágenes milagrosas del tabernáculo y más tarde el templo del rey Salomón, que había sido construido según indicaciones divinas, fueron interpretados como modelos de toda la creación que se reúne en torno a su Señor en actitud de contemplación y de servicio. La tienda, en torno a la cual acampaba el pueblo de Israel durante su peregrinación por el desierto, se llamaba "la morada de la presencia de Dios" (Ex. 38,21). Esa era la "morada inferior" en contraposición a la "morada Superior". El salmista canta: "Yahveh, yo amo la belleza de tu casa, el lugar donde se asienta tu gloria" (Salmo 25,8), porque la tienda de la Alianza tiene el mismo valor que la creación del mundo.

Así como en la narración de la creación el cielo fue extendido como una alfombra, de la misma manera estaban prescritas numerosas alfombras como paredes de la tienda, y así como las aguas del cielo fueron separadas de las aguas de la tierra, así estaba separado el Santo de los Santos de los recintos exteriores por un velo. El "mar de bronce" está hecho también según el modelo del mar que fue contenido por las costas. Como símbolo de las estrellas del cielo se encuentra en la tienda el candelabro de los siete brazos. Corderos y aves representan la muchedumbre de seres vivientes que pueblan las aguas, la tierra y el aire. Y de la misma manera que la tierra fue entregada a los hombres, así se encuentra en el santuario el sumo sacerdote, que fue consagrado para servir y obrar en nombre de Dios. La tienda, una vez terminada, fue bendecida, ungida y santificada por Moisés, de la misma manera que Dios bendijo y santificó la obra de sus manos el séptimo día. Así como los cielos y la tierra son testigos de Dios, así habrá de ser su morada un testimonio de la presencia de Dios en la tierra (Dt. 30,19).

En lugar del templo salomónico Cristo edificó un templo de piedras vivas, la comunidad de los santos. Cristo se encuentra en el centro mismo de ese templo como sumo y eterno sacerdote, y El mismo es la ofrenda depositada sobre el altar. Y nuevamente vemos a toda la creación integrada en la "Liturgia", en la solemne ceremonia divina: los frutos de la tierra como ofrenda misteriosa, las flores y los candelabros con las luces, las alfombras y el velo, el sacerdote consagrado, la unción y bendición de la casa de Dios. Tampoco faltan los querubines que, cincelados por las manos del artista, hacen guardia en formas visibles junto al Santo de los Santos. Semejante a los ángeles y como sus imágenes vivientes rodean los monjes el altar de la ofrenda y se ocupan de que los himnos de alabanza a Dios no enmudezcan, así en la tierra como en el cielo. Las oraciones solemnes que ellos elevan al cielo, en tanto que son los labios orantes de la Iglesia, rodean la ofrenda santa y traspasan y santifican todas las otras obras del día, de tal manera que la oración y el trabajo se convierten en un único "oficio divino", en una única "Liturgia".

Las lecturas de las Sagradas Escrituras y de los Padres, de los documentos de la Iglesia y de las proclamaciones doctrinales de sus pastores son un inmenso y constantemente creciente himno de alabanza a la acción de la Providencia Divina y al desarrollo evolutivo del plan eterno de salvación. Las oraciones matinales invitan a la creación entera a reunirse en torno al Salvador: los montes y las colinas, los ríos y las corrientes de agua, el mar, la tierra y todo cuanto habita en ellos, las nubes y los vientos, la lluvia y la nieve, todos los pueblos de la tierra, las razas y naciones y, finalmente, también los habitantes del cielo, los ángeles y los santos: todos, y no sólo sus imágenes hechas por manos humanas, han de participar personalmente de la gran Eucaristía de la creación —o más precisamente, nosotros hemos de unirnos a través de nuestra liturgia a su viva y eterna alabanza divina. Todos nosotros— y eso significa no sólo los religiosos cuya "profesión" es la alabanza de Dios, sino todo el pueblo de Dios— manifestamos nuestra conciencia de haber sido llamados a la alabanza divina cada vez que en las grandes solemnidades nos acercamos a las catedrales y abadías y cada vez que participamos de las grandes corales populares y a través de las nuevas formas litúrgicas nos integramos llenos de alegría a esa alabanza.

La expresión más fuerte de la unidad litúrgica entre la Iglesia celestial y la terrena —ambas dan gracias al Padre "por Cristo"— se encuentra en el Prefacio y en el Sanctus de la Santa Misa. La liturgia no deja, sin embargo, ninguna duda de que todavía no somos ciudadanos perfectos de la Jerusalén celestial, sino peregrinos en camino hacia la patria eterna. Antes de atrevernos a elevar los ojos a lo alto, para entonar con los coros celestiales el "Santo, Santo, Santo", necesitamos prepararnos debidamente. Todo lo creado que es utilizado en el servicio divino tiene que ser apartado de su uso y sentido profano, tiene que ser consagrado y santificado. El sacerdote ha de purificarse a través del reconocimiento de sus pecados antes de subir las gradas del altar y, junto con él, también todos los creyentes. Antes de cada nuevo paso en el sacrificio de la ofrenda tiene que repetir la súplica del perdón de los pecados, por él mismo, por los allí presentes y por todos aquellos a quienes habrán de alcanzar los frutos de la ofrenda santa. La ofrenda del altar es un sacrificio que junto con los dones presentados transforma también a los creyentes, les abre el Reino de los Cielos y les hace aptos para una acción de gracias agradable a Dios.

Todo lo que nosotros necesitamos para ser acogidos en la comunidad de los espíritus celestiales está resumido en las siete peticiones del Padrenuestro, que Cristo no rezó en nombre propio, sino para que aprendiéramos de El. Nosotros rezamos el Padrenuestro antes de comulgar y si lo hacemos sinceramente y de corazón y luego recibimos la comunión con espíritu recto, entonces nos proporciona ella el cumplimiento de las peticiones: ella nos libra de todo mal porque nos limpia de toda culpa y nos da la paz del corazón, que nos libera, a su vez, del aguijón de todos los otros males; ella nos proporciona el perdón de los pecados y nos da fuerzas contra la tentación. La comunión es el pan de la vida que necesitamos diariamente para ir acercándonos a la vida eterna; ella hace de nuestra voluntad un instrumento dócil de la voluntad de Dios, ella es el fundamento del Reino de Dios en nosotros y nos da un corazón y unos labios puros para glorificar el santo nombre de Dios. De esa manera se manifiesta cuán íntimamente unidos están el sacrificio, el banquete de la ofrenda y la alabanza divina. La participación en el sacrificio y en el banquete de la ofrenda transforman el alma en una piedra viva de la ciudad de Dios, y a cada una de ellas en particular en un templo divino.

2. El diálogo personal con Dios como oración de la Iglesia

¡El alma de cada hombre concreto es templo de Dios! Esta frase nos abre horizontes totalmente nuevos. La vida de oración de Jesús es la clave para la comprensión de la oración de la Iglesia. Ya hemos visto que Cristo participó en el Culto Divino público y legalmente establecido de su pueblo (es decir, en lo que llamamos normalmente "liturgia"). El puso ese culto en íntima comunicación con la ofrenda de su vida, dándole de esa manera su sentido total y propio (el de acción de gracias de la creación al Creador) y de esa manera llevó la liturgia del Antiguo Testamento a su realización y transformación en el Nuevo.

Cristo, sin embargo, no participó solamente del culto público. Los Evangelios nos cuentan, quizá con más frecuencia aún, que Cristo oraba solo, en el silencio de la noche, sobre las colinas o en la soledad del desierto. Su vida pública fue precedida por cuarenta días y cuarenta noches de oración en el desierto (Mt. 4,1-2). Antes de elegir y enviar a predicar a los doce apóstoles se retiró a la soledad de un monte para orar (Lc. 1,12). En el Monte de los Olivos se preparó para el camino del Gólgota. Lo que El dijo al Padre en esa hora difícil de su vida nos fue revelado en unas pocas palabras, palabras que nos han sido dadas como guías en nuestras horas de Getsemaní: "Padre, si es posible que pase de mí este cáliz, pero no se haga mi voluntad sino la tuya" (Lc. 22,42). Esas palabras son como un rayo de luz, que por un momento nos dejan entrever la vida interior de Jesús, el misterio inconmensurable de su ser divino y humano en diálogo con el Padre. Sin duda alguna que ese diálogo se extendió a lo largo de toda la vida y nunca fue interrumpido.

Cristo oraba interiormente no sólo cuando se alejaba de la multitud, sino también cuando estaba en medio de los hombres. Pero una vez nos dio una larga y profunda visión de ese misterioso diálogo. No fue mucho antes de la hora del Monte de los Olivos, más precisamente, justo antes de ponerse en camino hacia allí, al acabar la Ultima Cena, en la hora en que nosotros consideramos que nació la Iglesia. "Y El, que había amado a los suyos ... los amó hasta el extremo" (Jn. 13,1). Cristo sabía muy bien que ese sería su último encuentro y por eso quiso darles aún todo cuanto podía; sabía también, sin embargo, que ellos no podrían soportarlo ni entenderlo. Primero habría de venir el Espíritu de la verdad para abrirles los ojos. Y después de haber dicho y hecho todo lo que El había de hacer y de decir elevó los ojos al cielo y habló en presencia de ellos con el Padre. Esa oración la llamamos la oración de Cristo Sumo Sacerdote, pues también esa oración tenía su imagen en el Antiguo Testamento.

Una vez al año, en el día más santo y solemne, en el día de la Expiación, entraba el sumo sacerdote en el Santuario y se postraba ante la presencia de Dios para orar por sí mismo, por su casa y por toda la comunidad de Israel, para rociar el trono de la gracia con la sangre del ternero y del macho cabrío que había sacrificado anteriormente, para expiar sus propios pecados y los de su casa y para preservar al Santuario de las impurezas de los hijos de Israel, de sus faltas y transgresiones.

Nadie podía estar en la Tienda (en el ámbito sagrado frente al Santo de los Santos) cuando el sumo sacerdote se postraba en ese santo lugar en la presencia de Dios. El sumo sacerdote era el único que tenía acceso a ese recinto y solamente a una hora determinada. En esa ocasión había de ofrecer el incienso "... para que la nube de incienso envuelva el propiciatorio que está encima del Testimonio y no muera" (Lev. 16,13). En el más profundo misterio se realizaba entonces ese diálogo. El día de la Expiación es la imagen veterotestamentaria del Viernes Santo. El cordero que era degollado por los pecados del pueblo representaba al Cordero de Dios inmaculado, así como aquel otro que, determinado por la suerte y cargado con los pecados del pueblo, era enviado al desierto. También el sumo sacerdote de la casa de Aarón representa la imagen del Sacerdote eterno, Jesucristo. Así como Cristo en la Última Cena anticipó su sacrificio, de la misma manera anticipaba Él la oración sacerdotal.

Cristo no necesitaba ofrecer una ofrenda expiatoria por sí mismo, pues Él no tenía pecado; Él no necesitaba esperar la hora indicada por la ley, ni tampoco dirigirse al Santuario en el templo, Él está siempre y en todas partes en la presencia de Dios, su misma alma es el Santuario y ella no es solamente morada de Dios, sino que está inseparable y esencialmente unida al mismo Dios. Él no necesita protegerse del Padre con una nube de incienso, contempla sin ningún velo el rostro del Eterno y no tiene por qué temer, la mirada del Padre no va a producir su muerte. De esa manera devela Cristo el misterio del sumo sacerdocio; todos los suyos pueden oír cómo habla al Padre en el santuario de su corazón; sus discípulos han de experimentar de qué se trata y han de aprender también a hablar con el Padre en sus corazones (Cfr. Jn. 17,1, ss.).

La oración sacerdotal de nuestro Salvador nos revela el misterio de la vida interior: la intimidad de las Personas divinas y la morada de Dios en el alma. En esa misteriosa profundidad se preparó y realizó, escondida y en silencio, la grandiosa obra de la salvación, y así se continuará hasta que al final de los tiempos todos alcancen la perfección en la unidad. En el silencio eterno de la vida divina fue concebida la sentencia de la salvación. En la soledad del silencioso aposento de Nazaret descendió la fuerza del Espíritu Santo sobre la Virgen orante, llevando así a plenitud la Encarnación del Salvador. Reunida en torno a la Virgen, silenciosa y orante, esperaba la Iglesia en gestación el nuevo derramamiento del Espíritu Paráclito que habría de vivificarla y conducirla a la claridad interior y a una actividad externa llena de frutos.

El apóstol Pablo esperaba, en la noche de la ceguera que Dios había derramado sobre sus ojos y en oración solitaria, la respuesta a su pregunta: Señor, ¿qué quieres que haga? (Hechos, 9). En la oración privada se preparó también Pedro a ser enviado a los gentiles (Hechos, 10). Y así permaneció a través de todos los siglos. En el silencioso diálogo de las almas consagradas a Dios con su Señor se prepararon todos los acontecimientos visibles de la historia de la Iglesia y que renovaron la faz de la tierra. La Virgen, que guardaba en su corazón toda palabra salida de la boca de Dios, es el modelo de aquellas almas dispuestas, en las cuales se vivifica siempre de nuevo la oración sacerdotal de Jesús. Y las mujeres, que lo mismo que ella se olvidaron de sí mismas en la entrega total a la vida y pasión de Cristo, fueron elegidas por el Señor con amor preferencial como su instrumento para realizar grandes obras en la Iglesia.

Así, por ejemplo, Santa Brígida o Santa Catalina de Siena. Y cuando Santa Teresa, la gran reformadora de la Orden del Carmen, quiso ir en ayuda de la Iglesia en una época de gran decadencia de la fe, vio que el medio más apropiado para ello era la renovación de la verdadera vida interior. La noticia de la decadencia de la vida religiosa, que se extendía continuamente en torno suyo, la preocupaba de manera especial: "... diome gran fatiga, y como si yo pudiera algo o fuera algo, lloraba con el Señor y le suplicaba remediase tanto mal. Parecíame que mil vidas pusiera yo para remedio de un alma de las muchas que allí se perdían. Y como me vi mujer y ruin, e imposibilitada de aprovechar en lo que yo quisiera en el servicio del Señor, y toda mi ansia era y aún es, que pues tiene tantos enemigos y tan pocos amigos, que esos fuesen buenos, determiné a hacer eso poquito que era en mí, que es seguir los consejos evangélicos con toda la perfección que yo pudiese y procurar que estas poquitas que están aquí, hiciesen lo mismo, confiada en la gran bondad de Dios que nunca falta de ayudar a quien por él se determina a dejarlo todo; y que siendo tales cuales yo las pintaba en mis deseos, entre sus virtudes no tendrían fuerza mis faltas, y podría yo contentar en algo al Señor, y que todas ocupadas en oración por los que son defensores de la

Iglesia y predicadores y letrados que la defienden, ayudásemos en lo que pudiésemos a este Señor mío, que tan apretado le traen aquellos a los que ha hecho tanto bien, que parece le querrían tornar ahora a la cruz, y que no tuviese a donde reclinar la cabeza... ¡Oh hermanas mías en Cristo!, ayudadme a suplicar esto al Señor, que para eso os juntó aquí; este es vuestro llamamiento, estos han de ser vuestros negocios, estos han de ser vuestros deseos, aquí vuestras lágrimas, aquí vuestras peticiones." ("Camino de Perfección", Cap. 1.)

A la Santa le parecía necesario que aquí suceda lo que en tiempo de guerra. "Hame parecido es menester como cuando los enemigos en tiempo de guerra han corrido toda la tierra y viéndose el Señor de ella apretado, se recoge a una ciudad que hace muy bien fortalecer, y desde allí acaece algunas veces dar en los contrarios, y ser tales los que están en la ciudad, como es gente escogida, que pueden más ellos a solas que con muchos soldados, si eran cobardes, pudieron, y muchas veces se gana de esta manera victoria... Mas, ¿para qué he dicho esto? Para que entendáis, hermanas mías, que lo que hemos de pedir a Dios es que en este castillo que hay ya de buenos cristianos, no se nos vaya ya ninguno con los contrarios, y a los capitanes de este castillo o ciudad los haga muy aventajados en los caminos del Señor, que son los predicadores y teólogos. Y pues los más están en las religiones, que vayan muy adelante en su perfección y llamamiento, que es muy necesario... ¡Buenos quedarían los soldados sin capitanes!; han de vivir entre los hombres y tratar con los hombres y estar en los palacios y aun hacerse algunas veces con ellos en lo exterior. ¿Pensáis, hijas mías, que es menester poco para tratar con el mundo y vivir en el mundo y tratar negocios del mundo... y ser en lo exterior extraños del mundo... y, en fin, no ser hombres sino ángeles? Porque, a no ser esto así, ni merecen nombre de capitanes, ni permita el Señor salgan de sus celdas, que más daño harán que provecho; porque no es ahora tiempo de ver imperfecciones en los que han de enseñar. Y si en lo interior no están fortalecidos en entender lo mucho que va en tenerlo todo debajo de los pies y estar desasidos de las cosas que se acaban y asidos a las eternas, por mucho que lo quieran encubrir, han de dar señal. Pues ¿con quién lo han sino con el mundo? No hayan miedo se lo perdone, ni que ninguna imperfección dejen de entender. Cosas buenas, muchas se les pasarán por alto, y aun por ventura no las tendrán por tales; mas mala o imperfecta, no hayan miedo. Ahora yo me espanto quién los muestra la perfección, no para guardarla, que de esto ninguna obligación les parece tienen..., sino para condenar, y a las veces lo que es virtud les parece regalo. Así que no penséis es menester poco favor de Dios para esta gran batalla adonde se meten sino grandísimo... Así que os pido, por amor del Señor, pidáis a su Majestad nos oiga en esto. Yo, aunque miserable, lo pido a su Majestad, pues es para gloria suya y bien de su Iglesia, que aquí van mis deseos... Vean las que vinieren que teniendo santo prelado lo serán las súbditas, y como cosa tan importante ponedla siempre delante del Señor; y cuando vuestras oraciones y deseos y disciplinas y ayunos no se emplearen por esto que he dicho, pensad que no hacéis ni cumplís el fin para que aquí os juntó el Señor." ("Camino de Perfección", Cap. 3.)

¿Qué es lo que proporcionó a esa religiosa, que había vivido en oración desde hacía decenios en una celda conventual, el ardiente deseo de hacer algo por la causa de la Iglesia y una mirada aguda para las necesidades y exigencias de su tiempo. Precisamente el hecho de haber vivido en oración, de haberse dejado llevar por el Señor cada vez más profundamente a las moradas interiores del castillo del alma, hasta esa última donde El podía decirle "... que ya era tiempo de que sus cosas tomase ella por suyas y El tendría cuidado de las suyas, y otras palabras que son más para sentir que para decir". (Morada 7, 2,1). Por eso no podía ella sino ocuparse con diligencia de las cosas del Señor, el Dios de los ejércitos. (Palabras de nuestro Santo Padre Elías que fueron tomadas como lema en el escudo de nuestra orden.) Quien se entrega incondicionalmente al Señor es elegido como instrumento para construir su Reino. Sólo Dios sabe de cuán gran ayuda fueron las oraciones de Santa Teresa y de sus hijas para evitar el cisma de la fe en España, y qué poder increíble desarrolló esa oración en las luchas de fe en Francia, Holanda y Alemania.

La historia oficial no menciona esos poderes invisibles e inquebrantables, pero la confianza de los pueblos creyentes y el examinante y cuidadoso juicio de la Iglesia les conocen perfectamente. Y nuestra época se ve cada vez más obligada, cuando todo fracasa, a esperar de esa fuente escondida la última salvación.

3. La vida interior, las formas externas y las obras

La obra de la salvación se realiza en la soledad y el silencio. En el diálogo silencioso del corazón con Dios se preparan las piedras vivas de las cuales está construido el reino de Dios y se modelan los instrumentos selectos que ayudan en la construcción. La corriente mística que atraviesa los siglos no es un afluente errante que se separó imperceptiblemente de la vida de oración de la Iglesia; ella constituye precisamente la instancia más íntima de su vida orante. Cuando rompe con las formas tradicionales, sucede porque en esa corriente vive el Espíritu que sopla donde quiere, que ha creado todas las formas de la tradición, y que va creando siempre nuevas formas. Sin el Espíritu y sin las corrientes místicas en las que El se manifiesta no habría ni liturgia ni Iglesia.

¿No era el alma del salmista real un arpa cuyas cuerdas sonaban bajo la caricia del aliento del Espíritu Santo? Del corazón rebosante de la Virgen llena de gracia brotó el himno de gozo del "Magnificat". El cántico profético del "Benedictus" abrió los labios enmudecidos del anciano Zacarías cuando vio realizarse visiblemente las misteriosas palabras del ángel. Lo que en aquel momento emanaba de los corazones inundados del Espíritu y encontraba su expresión en palabras y obras, fue transmitido luego de generación en generación.

La corriente mística de que antes hablábamos constituye de esa manera el himno de alabanza polifónico y siempre creciente al Creador, Dios Uno,

Trino y Salvador. Es por eso que no se trata de contraponer las formas libres de oración como expresión de la piedad "subjetiva" a la liturgia como forma "objetiva" de oración de la Iglesia: a través de cada oración auténtica se produce algo en la Iglesia, y es la misma Iglesia la que ora en cada alma, pues es el Espíritu Santo, que vive en ella, el que intercede por nosotros con gemidos inefables (Rom. 8,26). Esa es la oración auténtica, pues "nadie puede decir 'Señor Jesús', sino en el Espíritu Santo" (1. Cor. 12,3). ¿Qué podría ser la oración de la Iglesia, sino la entrega de los grandes amantes a Dios, que es el Amor mismo? La entrega de amor incondicional a Dios y la respuesta divina —la unión total y eterna— son la exaltación más grande que puede alcanzar un corazón humano, el estadio más alto de la vida de oración. Las almas que lo han alcanzado constituyen verdaderamente el corazón de la Iglesia, en cada una de ellas vive el amor sacerdotal de Jesús. Escondidas con Cristo en Dios no pueden sino transmitir a otros corazones el amor divino con el cual han sido colmadas, y de esa manera cooperan en el perfeccionamiento de todos y en el camino hacia la unión con Dios que fue y sigue siendo el gran deseo de Jesús.

De esa misma manera entendió María Antonieta de Geuser su vocación. Ella se sentía llamada a realizar la gran empresa del cristiano en medio del mundo y el camino que ella siguió tiene sin duda alguna carácter de modelo para los muchos que hoy se sienten movidos a comprometerse en la Iglesia a través de una entrega radical en su vida interior, pero que no les ha sido dada la vocación de seguir al Señor en el recogimiento de un convento.

El alma que ha alcanzado el grado más alto de la oración mística en la actividad apacible de la vida divina, no piensa ya en otra cosa, sino en entregarse al apostolado al que El la ha llamado.

"Esa es la tranquilidad en el orden y a la vez la actividad liberada de toda atadura. El alma se presenta a esa lucha llena de paz, porque ella está actuando según el sentido de los decretos divinos. Ella sabe que la voluntad de su Dios se planifica por el crecimiento de su gloria, pues, si bien muchas veces la voluntad humana pone barreras a la omnipotencia divina, es siempre la omnipotencia divina la que triunfa, y la que realiza una obra grandiosa con el material que queda. Esa victoria del poder divino sobre la libertad humana, que a pesar de todo permite obrar libremente, es uno de los aspectos más grandiosos y más dignos de admiración del plan de salvación..." (Marie de la Trinite, carta del 27 de septiembre de 1917). Cuando María Antonieta de Geuser escribió esta carta se encontraba ya en los umbrales de la eternidad; sólo un velo suave la separaba de esa última perfección que nosotros llamamos la vida de gloria.

En los espíritus bienaventurados que entraron a formar parte de la unidad de la vida divina, todo es uno: actividad y quietud, contemplar y obrar, hablar y callar, escuchar y expresarse, entrega total receptora del amor y sobreabundancia de ese amor que se derrama en cantos de alabanza y agradecimiento. Tanto tiempo como nos encontremos todavía de camino (y cuanto más lejana la meta, tanto más intensamente), estaremos sujetos a las leyes de la temporalidad, y no podremos prescindir del hecho de que para la realización de la vida divina en nosotros es necesaria una evolución y una complementación mutua de todos los miembros del Cuerpo Místico.

Todos necesitamos de esas horas en las que escuchamos en silencio y dejamos que la Palabra divina obre en nosotros hasta el momento en que ella nos conduce a ser fructíferos en la ofrenda de la alabanza y en la ofrenda de las obras concretas. Todos nosotros necesitamos de las formas que nos han sido transmitidas y de la participación en el culto divino público, para que de esa manera nuestra vida interior sea motivada y conducida por rectos caminos y para que allí encuentre sus modos de expresión más convenientes. La solemne alabanza divina tiene que tener también un lugar en este mundo, donde ha de alcanzar la más grande perfección de la que los hombres son capaces.

Sólo desde aquí puede elevarse al cielo por el bien de toda la Iglesia, y transformar a sus miembros, despertar la vida interior y animarla a la coherencia exterior. La oración pública, a su vez, tiene que ser vivificada por dentro en tanto que deja espacio en las moradas interiores del alma para una profundización silenciosa y recogida. De no ser así se convertiría en una charlatanería estéril y falta de vida. Las moradas de la vida interior ofrecen un refugio contra ese peligro, ellas son los lugares donde las almas están en presencia de Dios en silencio y soledad, para convertirse en amor vivificante en el corazón de la Iglesia. Cristo es el único camino hacia el interior de nuestra vida, así como hacia el coro de los espíritus bienaventurados, que cantan el "Sanctus" eterno. Su Sangre es el velo a través del cual entramos en el santuario de la vida divina.

En el bautismo y en el sacramento de la reconciliación nos purifica de nuestros pecados, nos abre los ojos para la luz eterna, los oídos para percibir la palabra de Dios y los labios para cantar himnos de alabanza y para rezar oraciones de expiación, de petición y de agradecimiento, que no son sino distintas formas de adoración y veneración de las criaturas ante el Dios todopoderoso y de infinita bondad. El sacramento de la confirmación marca y fortifica a los luchadores de Cristo en el testimonio valiente de la fe; pero el sacramento que nos hace miembros de su Cuerpo Místico es sobre todo el de la Eucaristía, donde Cristo está real y personalmente presente.

En tanto que participamos en el banquete eucarístico y en tanto que somos alimentados por su Cuerpo y por su Sangre, en la misma medida somos transformados en su Cuerpo y su Sangre. Y sólo en tanto que somos miembros de su Cuerpo podemos ser vivificados y conducidos por su Espíritu. "... el Espíritu es el que vivifica, pues el Espíritu es el que hace de los miembros, miembros vivos; el Espíritu, sin embargo, vivifica solamente los miembros que se encuentran en el cuerpo... Por eso nada habrá de temer el cristiano tanto como la separación del Cuerpo Místico de Cristo, pues si él es separado del Cuerpo de Cristo, deja de ser su miembro y no pue-

de ser ya vivificado por el Espíritu" (SAN AGUS-
TÍN, *Tract. 27, in Joannem*).

Miembros del Cuerpo de Cristo somos además
"... no sólo por el amor, sino en verdad por la unión
con su cuerpo. La unión misma es causada por el
alimento que El nos ha regalado para probarnos sus
ansias de permanecer con nosotros. Por eso ha querido sumergirse en nuestra propia existencia y pro-
yectar su cuerpo en el nuestro para que todos seamos uno como la cabeza y el cuerpo son uno" (SAN
JUAN CRISÓSTOMO, *Homilía 61 al pueblo de
Antioquía*). Como miembros de su Cuerpo, anima-
dos por su Espíritu, nos ofrecemos también nosotros como víctimas "por El", "con El" y "en El" y
entonamos con los coros celestiales el eterno himno
de agradecimiento. Por eso la Iglesia, después del
banquete sagrado, reza:

Saciados con tan grandes dones,
te pedimos Señor, concédenos que los
dones que recibimos nos sirvan para nuestra
salvación y para que nunca abandonemos
la alabanza de tu nombre.

3

LOS CAMINOS DEL SILENCIO INTERIOR

En una conferencia que intentaba describir una imagen del alma femenina que correspondiera a su determinación eterna se mencionaban los siguientes atributos: amplia, tranquila, vacía de sí misma, cálida y luminosa. Simultáneamente se planteaba la pregunta de cómo se puede llegar a la posesión de tales cualidades.

Sin duda alguna no se trata de una multitud de caracteres que hayan de ser tomados en cuenta o elaborados individualmente, más bien se refieren a un estado general del alma que, en esos atributos concretos, es contemplada desde diversos puntos de vista. Ese estado no puede ser elaborado voluntariamente, sino que tiene que ser producido por la gracia. Lo que nosotros podemos y tenemos que hacer es: abrirnos a la gracia. Eso significa renunciar totalmente a nuestra propia voluntad, para entregarnos totalmente a la voluntad divina, poniendo nuestra alma, dispuesta a recibirle y a dejarse modelar por El, en las manos de Dios. Este es el contexto primario que nos permite vaciarnos de nosotros mismos y alcanzar un estado de paz interior.

Nuestra interioridad se ve colmada por propia naturaleza de muy diversas maneras y hasta tal punto, que una cosa empuja a la otra y todas ellas mantienen el alma en un movimiento constante, a menudo incluso en conflicto y perturbación. Las obligaciones y preocupaciones del día se acumulan en nuestro entorno en el momento mismo de despertarnos por la mañana, si es que no interrumpieron ya la tranquilidad de la noche. En ese momento se plantean ya cuestiones tan incómodas como estas: ¿Cómo puedo sobrellevar tantas cosas en un solo día? ¿Cuándo podré hacer esto o aquello? ¿Cómo puedo solucionar tal o cual problema? Parece que quisiéramos lanzarnos agitadamente o precipitarnos sobre los acontecimientos del día, para poder tomar las riendas en las manos y decir: ¡Hecho!

Pero lo realmente importante es no dejarse turbar en ese momento. Mi primera hora en la mañana le pertenece al Señor. Hoy quiero ocuparme de las obras que el Señor quiere encomendarme y El me dará la fuerza para realizarlas. De esa manera quiero subir al altar del Señor. Aquí no está en juego mi propia persona o mis cuestiones personales, pequeñas y sin importancia, aquí se trata de la gran ofrenda expiatoria. Yo puedo participar de ella para purificarme y llenarme de alegría y para ofrecerme en el altar con todas mis obras y mis sufrimientos. Y cuando recibo luego al Señor en la comunión puedo preguntarle: Señor, ¿qué quieres de mí? En ese momento me decido a realizar aquello que, después de un diálogo silencioso con Dios, considero que es mi próxima empresa.

Una profunda paz inundará mi corazón, y mi alma se vaciará de todo aquello que pretendía perturbarla y sobrecargarla, si comienzo con mis tareas cotidianas después de la celebración matinal de la eucaristía; y, a la vez, será ella colmada de santa alegría, de valentía y de fortaleza. Sus horizontes se agrandan y amplían, porque ella salió de sí misma para entrar en la vida divina. El amor arde en ella como una llama suave que ha encendido el Señor y la incita a expresar ese amor y a transmitirlo a los otros. "Flammescat igne caritas, accendat ardor proximos". Y con toda claridad contempla ella el próximo pedacito de camino que tiene por delante; ella no puede ver muy lejos, pero sabe que cuando haya alcanzado el punto que ahora limita el horizonte, se le abrirá un panorama totalmente nuevo.

Y ahora comienza la tarea cotidiana. Quizá cuatro o cinco horas seguidas de trabajo en la escuela. Eso significa constante concentración en una cosa y cada hora una distinta. En esta o en aquella hora de clase no se puede alcanzar lo que se pretendía, o quizá en ninguna. El propio cansancio, las interrupciones imprevistas, las deficiencias de los alumnos, el desánimo, las insurrecciones, los temores.

O bien en la oficina: contacto con un jefe o colegas desagradables, pretensiones irrealizables, acusaciones injustas, miseria humana y necesidades de todo tipo. Hasta que llega el mediodía. Cansados y agotados volvemos a casa donde posiblemente nos esperan nuevos conflictos y tribulaciones. ¿Dónde queda la frescura matinal del alma? De nuevo quisiera explotar y precipitarse: desánimo, disgusto, arrepentimiento. Y, a pesar de todo, ¡queda todavía tanto por hacer hasta la tarde! ¿Es que tenemos que comenzar inmediatamente? No, por lo menos no antes de haber encontrado un momento de tranquilidad.

Cada una debe conocerse lo suficientemente a sí misma como para saber dónde y cómo puede encontrar sus momentos de tranquilidad. Lo mejor, si es posible, es desahogarse un momento frente al tabernáculo y volcar allí todas nuestras preocupaciones. Quien no pueda hacerlo, porque quizá necesita un poco de serenidad física, puede tomarse un respiro en la propia habitación. Y si esa tranquilidad exterior no fuera de ninguna manera posible, si no se tiene ningún lugar en el que uno pueda retirarse un momento y si las obligaciones apremiantes nos privan de una hora de tranquilidad, entonces deberíamos por lo menos por un momento cerrarnos a todas las otras preocupaciones para poder remontarnos al Señor. El está siempre allí presente y puede darnos en un instante todo lo que necesitamos.

Así se desarrollará el resto del día, quizá con mucho más cansancio y fatiga, pero en paz. Y cuando llega la noche y la revisión del día nos muestra que muchas de nuestras obras fueron fragmentarias y otras, que también nos habíamos propuesto, quedaron sin hacer y se despierte en nosotros una suerte de vergüenza y arrepentimiento, en ese momento habremos de tomar las cosas tal cual son, hemos de ponerlas en las manos de Dios y abandonarlas a El. De esa manera se puede descansar en El, para, después de recuperarnos verdaderamente, comenzar el nuevo día como si fuera una nueva vida.

Esta es sólo una pequeña indicación de cómo podríamos organizar nuestro día para dar lugar en nuestra vida a la gracia de Dios. Cada una en particular sabe cómo puede aplicar estos consejos de la mejor manera a su propia vida.

Ahora sólo resta mostrar cómo el domingo ha de convertirse en una gran puerta, a través de la cual la vida eterna puede penetrar en nuestra vida diaria, para darnos fuerzas en el trabajo de toda la semana; y cómo las grandes fiestas, los tiempos solemnes y los de penitencia, vividos en espíritu eclesial, proporcionan a las personas, año tras año, la paz eterna del "sabbat".

Una importante tarea de cada una en particular consistirá en pensar cómo podrá ella organizar su plan diario y anual, según sus propias aptitudes y circunstancias existenciales, para preparar los caminos del Señor. La distribución externa de las actividades tendrá que ser distinta para cada una, y también con el correr del tiempo tendrá que adaptarse elásticamente al cambio de las circunstancias.

Además, la situación anímica es diversa en las distintas personas. Y no todos los medios aptos para establecer una relación con el Eterno o para mantenerla viva o revivificarla (meditación, lectura espiritual, participación en la liturgia, devociones populares) son igualmente fructíferos para cada una en particular y en diversas circunstancias. La meditación, por ejemplo, no puede ser ejercitada siempre por todos y de la misma manera. Es muy importante encontrar lo más efectivo para cada una y aprovecharse de ello.

4

"Sancta Discretio"
El don del discernimiento

La regla de San Benito de Nursia es llamada a
menudo "discretione perspicua", distinguida por la
discreción. La discreción se convierte de esa manera en el cuño especial de la santidad benedictina.
En realidad no existe santidad sin ella; más aún, si
se la entiende en profundidad y en todas sus dimensiones, coincide con la santidad misma.

Por ejemplo, si se confía algo a alguien "bajo discreción", eso significa, se espera que se guardará en
secreto. Pero la verdadera discreción es mucho más
que la sola reserva. El discreto sabe, sin que se lo
pidan expresamente, sobre qué cosas puede hablar
y qué es lo que debe callar. El posee el don de distinguir lo que debe ocultarse en el silencio, de lo que
ha de ser revelado; el momento en el que hay que
hablar y el momento en el que hay que callar; a
quién se le puede confiar algo y a quién no. Todo
esto es válido no sólo para las cuestiones que le
atañen personalmente, sino también para aquellas
que se refieren a otros. Se considera también una
"indiscreción" cuando alguien habla sobre cuestiones propias, pero en un lugar o en un momento

poco indicados. El discreto no toca tampoco con sus preguntas lo que no debe ser tocado y sabe muy bien cómo y cuándo una pregunta es conveniente; y si fuera hiriente sabe dejarla de lado.

Una suma de dinero nos puede ser entregada también "a discreción", lo cual significa que podemos disponer de ella. Esto no quiere decir, sin embargo, que podamos utilizarla arbitrariamente. Quien nos entrega esa suma nos da libertad de acción, pues está convencido de que nosotros somos quienes podemos determinar mejor qué es lo que se puede hacer con ella. En este caso la discreción es también un don de discernimiento. De manera muy especial tiene necesidad de ella quien tiene a su cargo la dirección de otras personas. San Benito habla de la discreción en relación con lo que se ha de exigir del Abad *(Regla de S. Benito,* Cap. 64): "El Abad tiene que ser en sus ordenaciones providente y reflexivo; ya se trate de una ocupación divina ya humana, que él imponga, debe distinguir y sopesar, teniendo en cuenta aquel discernimiento de Jacob que dijo: 'Si ajetreo demasiado a mi rebaño, moriría todo en un solo día' (Gen. 33,13). El abad habrá de cobijar en su corazón ese y otros testimonios en favor del don del discernimiento, la madre de todas las virtudes, para poder tomar aquellas determinaciones que exige el valiente y que no asustan al débil."

En este caso se puede entender la discreción como la "sabia mesura", pero la fuente de una tal mesura es el mismo don de poder distinguir qué es lo que conviene a cada uno.

¿De dónde viene ese don? Por una parte hay algo natural que nos capacita para el discernimiento hasta un determinado grado. A ese don natural le llamamos "tacto" o "delicadeza" y es fruto de un cultivo del alma y de una sabiduría heredada o bien adquirida por diversas actividades formativas o experiencias vitales. El Cardenal Newman decía que el perfecto "Gentlemann" se confunde casi con el santo. Su actitud alcanza sólo hasta un determinado nivel de sobrecarga. Por encima de ese nivel se rompe el equilibrio del alma. La discreción natural no llega tampoco a niveles muy profundos. Ella sabe "cómo tratar a los hombres" y como un aceite suave se adelanta a los roces en el engranaje de la vida social, pero los pensamientos del corazón, el centro más íntimo del alma, le son desconocidos. Allí llega solo el Espíritu que todo lo penetra, hasta las profundidades mismas de la divinidad. La verdadera discreción es sobrenatural. Ella se encuentra solamente allí donde reina el Espíritu Santo, donde una persona, mediante el ofrecimiento indivisible de sí misma y la capacidad de entregarse libremente, escucha la voz suave de su huésped y está atenta a sus inspiraciones.

¿Se puede considerar a la discreción como un don del Espíritu Santo? Sin duda alguna no se la puede tomar como uno de los siete conocidos ni tampoco como un octavo nuevo. La discreción pertenece a cada don en particular y se puede llegar a afirmar que los siete dones constituyen la huella visible de este único don.

El don del temor "distingue" en Dios la "divina

majestas" y determina la distancia inconmensurable entre la santidad de Dios y la propia imperfección. El don de la piedad distingue en Dios la "pietas", el amor paternal, y le contempla con amor filial y respetuoso, con un amor que sabe distinguir lo que es debido al Padre en el cielo. En la prudencia es donde se ve con más claridad que la discreción es un don de discernimiento; ella determina qué es lo más conveniente para cada situación concreta. En la fortaleza podríamos inclinarnos a pensar que se trata de algo puramente voluntario, sin embargo la distinción entre la prudencia que reconoce el camino recto y una fortaleza que se impone ciegamente es posible sólo en el ámbito natural. El espíritu humano obra dócilmente y sin disgusto allí donde reina el Espíritu Santo. La prudencia determina el obrar práctico sin ninguna restricción y la fortaleza se ve de esa manera iluminada por la prudencia. Ambas posibilitan a la persona humana para adaptarse flexiblemente a las más diversas situaciones. Precisamente cuando ella se ha entregado sin resistencia al Espíritu, es capaz de sobrellevar todo lo que le acontece. La luz del Espíritu le permite, como don de ciencia, ver con absoluta claridad todo lo creado y todo lo acontecido en su ordenación a lo eterno, comprenderlo en su estructura interna y otorgarle el lugar debido y la importancia que le corresponde. Finalmente le concede, como don de entendimiento, la penetración en las profundidades de la divinidad misma y deja resplandecer ante ella con toda claridad la verdad revelada. En su punto culminante, como don de sabiduría, le une con la Trinidad y le permite penetrar de alguna manera hasta la misma fuente eterna y hasta todo aquello que emana de ella y que le tiene como sustrato en ese movimiento vital y divino que es amor y conocimiento juntamente.

La "sancta discretio" se distingue, según esto, radicalmente de la inteligencia humana, aun de la más aguda. Ella no distingue a través de un pensamiento discursivo escalonado como el espíritu humano que investiga; ella no desmembra y resume, no compara y reúne, concluye y prueba. La "sancta discretio" distingue de la misma manera que el ojo humano percibe el entorno de las cosas sin esfuerzo alguno a la luz del claro día. La penetración en los detalles particulares no le hace perder la visión de todo el contexto. Cuanto más alto sube el caminante tanto más se amplía el horizonte, hasta llegar a la cumbre donde la visión del entorno es completa. El ojo del espíritu, iluminado por la luz celestial, alcanza las lejanías más distantes, nada se desvanece, nada se hace indistinguible. Con la unidad crece la plenitud, hasta que todo el mundo se hace visible bajo el simple rayo de la luz divina, como acaeció en la "magna visio" de San Benito.

5

AMOR POR LA CRUZ

*(Algunas reflexiones con motivo
de la fiesta de San Juan de la Cruz)*

Siempre se nos ha querido mostrar que San
Juan de la Cruz no deseaba para sí otra cosa que el
sufrimiento y el desprecio. Hoy nos preguntamos
por los motivos de ese amor por el sufrimiento.
¿Es que se trata solamente del recuerdo amoroso
del camino sufriente de nuestro Señor en la tierra,
una suerte de apremio de la sensibilidad humana
por acercársele a través de una vida que se asemeja a la suya? Esto parece no corresponder a la
elevada y estricta espiritualidad del maestro místico; casi significaría que, en virtud del "varón de
dolores", se olvida al Rey triunfante sentado en el
trono, al divino Vencedor sobre el pecado, la
muerte y el abismo. ¿Acaso no ha desterrado Cristo la esclavitud? ¿No nos ha conducido también al
Reino de la Luz y nos ha llamado a ser hijos felices
del Padre celestial? La visión del mundo en que
vivimos, la necesidad, la miseria y el abismo de la
maldad son causa suficiente para aplacar el gozo
del triunfo de la luz. La humanidad lucha todavía
en el fango y el rebaño de los que se liberaron de él
en la cumbre más alta de los montes es aún muy

pequeño. La batalla entre Cristo y el Anticristo no ha concluido todavía. En medio de esa lucha tienen su puesto los seguidores de Jesús y su arma principal es la Cruz.

¿Cómo podemos entender esto? El peso de la Cruz con el que Cristo se ha cargado es la corrupción de la naturaleza humana, con todas sus consecuencias de pecado y sufrimiento, con las cuales fue acunada la humanidad caída. El sentido último de la Cruz es liberar al mundo de esa carga. El retorno de la humanidad liberada al corazón del Padre celestial y la aceptación de la herencia legítima es un don libre de la gracia y del amor misericordioso de Dios. Tal liberación no habrá de suceder, sin embargo, a costa de la santidad y la justicia divinas. La suma total de los errores humanos, desde el pecado original hasta el día del juicio final tiene que ser borrada por una obra de expiación de medidas equivalentes. Y esa expiación no es otra cosa que el calvario, el camino de la Cruz: Las tres caídas de Cristo bajo el peso de la Cruz corresponden a la triple caída de la humanidad: El pecado original, el rechazo del Salvador por su pueblo elegido y la caída de aquellos que llevan el nombre de cristianos.

El Redentor no estaba solo en el camino de la Cruz y los que le rodeaban y apretujaban no eran solamente sus adversarios, sino también hombres y mujeres que le apoyaban: La Madre de Dios, María, como modelo de los seguidores de la Cruz de todos los tiempos; Simón de Cirene, como ejemplo para todos aquellos que aceptan el sufrimiento que les ha sido impuesto y que encuentran su felicidad en tanto que lo soportan; Verónica, como representante de las almas amantes que se sienten impulsadas a servir al Señor. Cada uno de los que a lo largo de la historia han cargado con un destino difícil en memoria del Redentor sufriente, o bien voluntariamente tomaron sobre sí la expiación del pecado, han ayudado con ello al Señor a cargar con su yugo y han disminuido, en parte, el peso brutal del pecado de la humanidad. Más aún, Cristo mismo como Cabeza realiza la expiación del pecado en esos miembros concretos de su Cuerpo místico, que se han puesto a disposición de su obra de salvación en cuerpo y alma.

Muy bien podemos suponer que la presencia de los amigos que habrían de seguirle en el camino del dolor dio muchas fuerzas al Salvador en la noche del Monte de los Olivos. Y la fuerza de esos "Cargadores de la Cruz" viene en su ayuda después de cada caída. Los justos del Antiguo Testamento son quienes le acompañaron en el camino entre la primera y la segunda caída. Los discípulos y discípulas, que se reunieron en torno a El durante su vida terrena, fueron sus ayudantes en el segundo tramo. Finalmente, los amantes de la Cruz, que El ha suscitado y habrá de suscitar siempre de nuevo en la historia cambiante de una Iglesia controvertida, serán sus compañeros hasta el fin de los tiempos. Para ello hemos sido llamados también nosotros.

Por lo tanto, si alguien anhela el sufrimiento, no lo hace por un recuerdo puramente piadoso de los sufrimientos del Señor. La expiación voluntaria es lo que nos une verdadera y más profundamente con el Señor. Tal unión está por encima de la ya existente con Cristo, pues el hombre natural huye del sufrimiento, y la búsqueda del dolor para satisfacer una inclinación perversa al sufrimiento, nada tiene que ver con las ansias de sufrimiento como expiación de los pecados. La inclinación perversa por el dolor no es, además, una aspiración espiritual, sino una pretensión puramente sensible y, en cuanto tal, no es mejor que otros vicios de la concupiscencia, sino precisamente peor por ser antinatural. Solamente quien tiene abiertos los ojos del espíritu para el sentido sobrenatural de los acontecimientos del mundo puede experimentar ansias por el sufrimiento expiatorio. Eso, sin embargo, sólo es posible para aquellos en los cuales vive el Espíritu de Cristo, que como miembros de un cuerpo, reciben de la cabeza su fuerza, su sentido y su dirección. La expiación, por otra parte, nos une más íntimamente con Cristo, de la misma manera que cada comunidad se siente más íntimamente unida en la realización de una tarea conjunta y como los miembros de un cuerpo se unifican cada vez más en el juego orgánico de sus funciones. El amor por la Cruz y la gozosa filiación divina, además, no se oponen, pues la unión con Cristo es nuestra beatificación celestial y el crecimiento evolutivo en esa unión representa nuestra felicidad en la tierra. Ayudar a cargar con la Cruz de Cristo nos proporciona una alegría fuerte y pura, y quienes pueden y tienen derecho a hacerlo, los constructores del Reino de Dios, son sus verdaderos hijos. De ahí que la preferencia por el camino de la Cruz no signifique de ninguna manera que olvidemos que el Viernes Santo ya ha sido superado y la Obra de Salvación consumada.

Solamente los redimidos, los hijos de la gracia pueden ayudar a Cristo a cargar con la Cruz. El sufrimiento humano recibe fuerza expiatoria sólo si está unido al sufrimiento de la cabeza divina. La vida del cristiano consiste en sufrir y en ser feliz en el sufrimiento, en ser parte del mundo, andar por los miserables y ásperos caminos de esta tierra y, a pesar de todo, reinar con Cristo a la derecha del Padre, en reír y llorar con los hijos de este mundo y cantar ininterrumpidamente con los coros de los ángeles las alabanzas de Dios, hasta que despunte la aurora de la eternidad.

6

AVE CRUX-SPES UNICA

14.9.1939

¡Bendita seas, Cruz, esperanza única! De esta manera nos invita la Iglesia a implorar, en el tiempo dedicado a la contemplación de los amargos sufrimientos de Nuestro Señor Jesucristo. El grito de gozo del aleluya pascual hizo enmudecer el solemne himno de la Cruz, pero el signo de nuestra salvación siguió bendiciéndonos en medio de la alegría pascual, en tanto que nosotros rememorábamos el hallazgo del que había desaparecido. La Cruz nos bendice al término de las grandes fiestas de la Iglesia, desde el corazón mismo del Salvador. Y ahora que el año litúrgico ya declina, él será elevado delante de nosotros y ha de mantener nuestras miradas cautivas hasta que el aleluya pascual nos invite nuevamente a olvidar por un momento la tierra, para colmarnos de gozo en las bodas del Cordero.

Nuestra Santa Orden nos permite comenzar el tiempo de penitencia con la fiesta de la exaltación de la Santa Cruz y nos conduce hasta el pie de esa misma Cruz para renovar nuestros votos. El Crucificado nos contempla y nos pregunta si estamos todavía dispuestas a serle fieles en lo que le hemos prometido en una hora de gracia. El tiene razón de preguntárnoslo pues, hoy más que nunca, se ha convertido la Cruz en un signo de contradicción.

Los discípulos del Anticristo le hacen ignominias mucho peores que las que le hicieron antiguamente los mismos persas que la saquearon. Ellos profanan la imagen de la Cruz y hacen los esfuerzos posibles para arrancarla del corazón de los cristianos. Lamentablemente, con bastante frecuencia han tenido éxito, incluso con aquellos que, como nosotras, habían prometido ya cargar con la Cruz de Cristo. Por eso el Salvador nos contempla hoy, serio y examinante, y nos pregunta a cada una de nosotras: ¿Quieres ser fiel al Crucificado? ¡¡Piénsalo bien!!

El mundo está en llamas; el combate entre Cristo y el Anticristo ha comenzado abiertamente. Si tú te decides por Cristo, te puede costar la vida; reflexiona por eso muy bien sobre aquello que prometes. La profesión y la renovación de los votos es algo terriblemente serio. Tu harás una promesa al Señor del cielo y de la tierra y si eso no te es lo suficientemente sagrado como para poner todo tu empeño en cumplirlo, caerás en las manos del Dios viviente.

El Salvador cuelga en la Cruz, delante de ti, por haber sido *obediente* hasta la muerte y muerte de Cruz. El vino al mundo no para hacer su voluntad sino la voluntad del Padre. Si tú también quieres ser la prometida del Crucificado, tienes que negar incondicionalmente tu propia voluntad y no tener ningún otro anhelo, sino el de cumplir la voluntad del Padre. Ella se te expresa en la Santa Regla y en las Constituciones de tu Orden. Ella te habla a través del suave Aliento del Espíritu Santo, en lo más íntimo de tu corazón. Si quieres ser fiel a tu voto de obediencia tienes que oír, noche y día, atentamente esa voz y seguir sus mandamientos. Eso significa, además, crucificar cada día y en cada momento tu voluntad y tu amor propio.

Tu Salvador cuelga en la Cruz delante de ti, desnudo y abandonado, porque El ha elegido la *pobreza* y quien quiera seguirle habrá de renunciar a todos los bienes terrenos. No es suficiente que una vez lo hayas abandonado todo y que hayas venido al monasterio. Tú tienes que tomarlo también ahora muy en serio. Acepta agradecida lo que la providencia de Dios te envía y prívate alegremente de lo que él te hace carecer; no te cargues de cuidados por tu propio cuerpo, ni por sus caprichos e inclinaciones, sino entrégate más bien a aquellas ocupaciones que te han sido encomendadas. No te preocupes por el día que viene, ni por la próxima comida.

Tu Salvador cuelga delante de ti con el corazón traspasado. El ha derramado la Sangre de su propio corazón para ganar el tuyo. Si tú quieres seguirle en santa *pureza*, entonces tu corazón tiene que estar libre de todo anhelo terreno y Jesús, el Crucificado, ser el único objeto de tus apetitos, de tus deseos y de tus pensamientos.

¿Te estremeces ante la grandeza de lo que los santos votos exigen de ti? Pues no tienes por qué temer. Seguro que lo que tú prometiste está por encima de tu debilidad, de tu humana fortaleza, pero no está por encima de la fuerza del Todopoderoso y ella será tuya si tú te confías a él, y si él acepta tu juramento de fidelidad. Ya lo hizo en el día de tu profesión y hoy quiere hacerlo nuevamente. Es el corazón amante de tu Salvador quien te invita una vez más a seguirle.

Un seguimiento tal exige de ti obediencia, pues la voluntad del hombre es débil y ciega. Ella sola no puede encontrar el camino en tanto no se entregue totalmente a la voluntad divina. Este seguimiento te pide la pobreza, porque tus manos han de estar vacías de los bienes de la tierra para poder recibir las delicias del cielo. El te pide castidad, pues sólo el desapego de todo amor terrenal libera tu corazón para amar a Dios. Los brazos del crucificado están extendidos para atraerte hacia su corazón. El quiere tomar tu vida para ofrecerte la suya. ¡¡¡Ave Crux, spes unica!!!

El mundo está en llamas. El incendio puede hacer presa también en nuestra casa; pero en lo alto, por encima de todas las llamas, se elevará la Cruz. Ellas no pueden destruirla. Ella es el camino de la tierra al cielo y quien la abraza creyente, amante, esperanzado, se eleva hasta el seno mismo de la Trinidad.

¡El mundo está en llamas! ¿Te apremia extinguirlas? Contempla la Cruz. Desde el corazón abierto brota la sangre del Salvador. Ella apaga las llamas del infierno. Libera tu corazón por el fiel cumplimiento de tus votos y entonces se derramará en él el caudal del Amor divino hasta inundar todos los confines de la tierra. ¿Oyes los gemidos de los heridos en los campos de batalla del Este y del Oeste? Tú no eres médico, ni tampoco enfermera, ni puedes vendar sus heridas. Tú estás recogida en tu celda y no puedes acudir a ellos. Oyes el grito agónico de los moribundos y quisieras ser sacerdote y estar a su lado. Te conmueve la aflicción de las viudas y de los huérfanos y tú querrías ser el Angel de la Consolación y ayudarles. Mira hacia el Crucificado. Si estás unida a él, como una novia en el fiel cumplimiento de tus santos votos, es tu/su sangre preciosa la que se derrama. Unida a él, eres como el omnipresente. Tú no puedes ayudar aquí o allí como el médico, la enfermera o el sacerdote; pero con la fuerza de la Cruz puedes estar en todos los frentes, en todos los lugares de aflicción. Tu Amor misericordioso, Amor del corazón divino, te lleva a todas partes donde se derrama su sangre preciosa, suavizante, santificante, salvadora.

Los ojos del Crucificado te contemplan interrogantes, examinadores. ¿Quieres cerrar nuevamente tu alianza con el Crucificado? ¿Qué le responderás? ¿"Señor, adónde iremos? Sólo Tú tienes palabras de vida eterna".

¡¡¡AVE CRUX, SPES UNICA!!!

7

LAS BODAS DEL CORDERO

14 de septiembre de 1940

"Venerunt nuptiae Agni et uxor eius praeparavit se" (Apoc. 19,27). "Han llegado las Bodas del Cordero y la esposa ya está dispuesta." De manera tan hermosa sonaron estas palabras en nuestro corazón la víspera de nuestra profesión, y así deberán sonar nuevamente cuando renovemos solemnemente nuestros sagrados votos. Palabras colmadas de misterio que ocultan en sí la profundidad misteriosa del sentido de nuestra sagrada vocación. ¿Quién es el Cordero? ¿Quién es la novia? ¿De qué Banquete de Bodas se habla aquí? "Yo contemplé y vi que en medio del trono y de los cuatro seres vivientes y de los ancianos estaba un cordero como degollado" (Apoc. 5,6).

Cuando el vidente de Palmos contempló ese rostro latía todavía en él el recuerdo de aquel inolvidable día junto al Jordán, cuando Juan el Bautista le mostró al "Cordero de Dios que quita los pecados del mundo" (Jn. 1,29). En aquel momento había comprendido él la palabra y ahora comprendía la imagen. El era el que antes caminaba junto al Jordán y el que se le había manifestado ahora en blancas vestiduras, con sus ojos como llamas de fuego y con la espada del que juzga, el Primero y el Ultimo (Jn. 1,13 ss.). El llevó a plenitud lo que los ritos de la Antigua Alianza sólo manifestaron en figura.

Cuando en el más solemne y santo día del año, el Sumo Sacerdote entraba en el Santo de los Santos, en el terrible y sagrado lugar de la presencia de Dios, tomaba del pueblo dos machos cabríos: el uno; para cargar sobre él los pecados del pueblo y llevarlos al desierto, y el otro, para rociar con su sangre el Tabernáculo y el Arca de la Alianza (Lv. 16). Ese era el sacrificio de expiación por el pueblo. Además de eso, el Sumo Sacerdote tenía que sacrificar un becerro joven por él mismo y por su casa y ofrecer en holocausto un ternero cebado. Con la sangre del becerro tenía que rociar también el trono de gracia, y cuando el sacerdote, no visto por ojo humano, había orado por sí mismo, por su casa y por todo el pueblo de Israel, salía fuera, donde estaba el pueblo expectante, y rociaba también el altar para expiar sus pecados y los del pueblo. Luego enviaba el carnero vivo al desierto, ofrecía su propio holocausto y el del pueblo y hacía quemar los restos del sacrificio expiatorio delante del campamento (más tarde, frente a las puertas de la ciudad).

Un día solemne y sagrado era también el día de la Reconciliación. El pueblo permanecía en oración y ayunaba en el Santuario; y cuando al atardecer todo se había consumado, había paz y alegría en el corazón, porque Dios les había quitado el peso del pecado y les había donado su gracia. ¿Qué había

114

producido esa reconciliación? Ni la sangre de los animales degollados, ni el Sumo Sacerdote de la Familia de Aaron —eso lo aclaró insistentemente San Pablo en la carta a los Hebreos—, sino la verdadera víctima de Reconciliación, que estaba prefigurada en todas las anteriores víctimas prescritas por la Ley, y el Sumo Sacerdote, según el orden de Melquisedek, en cuyo lugar estaban los sumos sacerdotes de la casa de Aaron. El es también el verdadero Cordero Pascual, por cuya causa pasó de largo el ángel exterminador frente a las casas de los hebreos, cuando castigó a los egipcios. El mismo Señor explicó esto a sus discípulos cuando comió con ellos el Cordero Pascual por última vez, y se entregó a sí mismo como alimento. Pero... ¿por qué había elegido el Cordero como símbolo preferido? ¿Por qué se muestra El todavía en esa forma en el trono de la eterna gloria? Porque fue inocente y humilde como un cordero y porque él había venido para dejarse llevar como un cordero que es llevado al matadero.

Juan presenció también eso cuando el Señor permitió que le apresaran en el Monte de los Olivos y luego se dejó clavar en la cruz en el Gólgota. Allí, en el Gólgota, fue consumada la verdadera Víctima de la Reconciliación y con ella perdieron su eficacia todas las antiguas ofrendas, y muy pronto cesaron totalmente, así como el antiguo sacerdocio cuando la destrucción del Templo. Todo esto le tocó presenciar a Juan; por eso no le asombraba el Cordero sobre el trono, y porque fue un fiel testigo suyo le fue mostrada también la esposa del Cordero.

"El vio la 'Ciudad Santa', la Nueva Jerusalén que descendía desde el cielo, del lado de Dios, engalanada como una novia que se adorna para su esposo" (Apoc. 21,2; 9 ss.). Así como el mismo Cristo descendió del cielo a la tierra, así tiene también su esposa, la Santa Iglesia, su origen en el cielo. Ha nacido de la gracia de Dios y con el Hijo de Dios ha descendido del cielo, de modo que está unida a El indisolublemente. Ha sido construida con piedras vivas y su piedra basal fue colocada cuando la Palabra de Dios asumió la naturaleza humana en el seno de la Virgen. En aquel tiempo el alma del Niño Divino y de la Madre Virgen estaban enlazadas con el vínculo de la más íntima unión, que hoy llamamos desposorio. La Jerusalén celestial vino a la tierra escondida a los ojos del mundo y de ese primer vínculo nupcial nacieron todas las piedras vivas (cada alma, en particular, llamada a la vida por la gracia de Dios), que luego ensamblaron la vigorosa construcción. La Madre Virginal llegaría a ser la Madre de todos los redimidos, y como la célula fecunda, de la cual se desprenden siempre nuevas células, construiría ella la ciudad viviente de Dios.

Este misterio escondido le fue revelado a Juan cuando estaba junto a la Virgen Madre al pie de la Cruz y fue entregado a ella como hijo. Allí se abrió la Iglesia visiblemente al ser. Su hora había llegado, pero no todavía su última perfección. Ella vive y ha sido desposada por el Cordero, pero la hora del festivo banquete nupcial llegará cuando el dragón sea definitivamente vencido y el último de los redimidos haya luchado su combate hasta el final. Así como el

Cordero tuvo que ser degollado para ser elevado sobre el trono de la gloria, así conduce el camino de la gloria, a través de la Cruz y el sufrimiento, a todos aquellos que fueron elegidos para el banquete de bodas del Cordero.

El que quiera desposar al Cordero tiene que dejarse clavar con él en la Cruz. Para esto están llamados todos los que fueron marcados con la sangre del Cordero, y éstos son todos los bautizados. Sin embargo, no todos comprenden esa llamada y le siguen; pero hay una llamada para un seguimiento más estrecho, que suena más penetrante en el interior del alma y que exige una clara respuesta. Esa es la llamada a la vida religiosa, y la respuesta son los santos votos. En aquel, a quien el Señor llama en medio de las circunstancias más normales (familia, pueblo, ambiente), para entregarse solamente a El, se destaca el vínculo nupcial con el Señor con más fuerza que en la multitud de los redimidos. Por toda la eternidad tienen que pertenecer de manera preferida al Cordero, seguirle a donde El vaya y cantar el himno de las vírgenes que ningún otro puede cantar (Apoc. 14,1). Si se despierta en el alma el deseo de la vida religiosa, es como si el Señor pidiera su mano en desposorio, y si ella se consagra a él a través de los votos y acepta el "Veni, sponsa Christi", se prefigura el banquete de las bodas celestiales.

Se trata aquí, sin embargo, sólo de la espera por el banquete eterno. El gozo nupcial del alma consagrada a Dios y su fidelidad tienen que templarse en combates, ya ocultos, ya manifiestos, y en lo cotidiano de la vida religiosa. El esposo que ella elige es el Cordero que ha sido degollado, y si ella quiere entrar con El en la gloria celestial tiene que dejarse clavar ella misma en su Cruz. Los clavos son los tres votos. Cuanto más solícita se extienda el alma consagrada sobre la Cruz y soporte los golpes del martillo, tanto más profundamente experimentará la realidad de estar unida con el Crucificado y así, el mismo hecho de estar crucificada, será para ella la fiesta de las bodas.

El voto de pobreza abre las manos para que ellas dejen caer todas aquellas cosas que las tenían atrapadas y las sujeta luego de modo que no puedan ya lanzarse a las cosas de este mundo. El ordena, además, las manos del espíritu y del alma: los apetitos que siempre se inclinan a los placeres y los bienes materiales; las preocupaciones que se desprenden de pretender asegurar la vida terrena en todas sus dimensiones, la agitación que se ocupa de cosas diversas, poniendo en peligro de esa manera la dedicación a lo único necesario. Una vida en la abundancia y la comodidad burguesa contradice el espíritu de la santa pobreza y nos separa del pobre crucificado. Nuestras hermanas, en los primeros tiempos de la reforma, se consideraron dichosas cuando les faltaba lo necesario, y cuando las dificultades habían sido superadas, temían que el Señor se hubiera apartado de ellas, pues lo tenían todo a disposición en cantidad suficiente.

Algo no funciona bien en una comunidad conventual si la vida exterior toma tanto tiempo y fuerzas para sí que se resiente la vida interior; y algo no está del todo en orden en el alma de las religiosas, en particular, si comienzan a ocuparse de sí mismas y a preocuparse de aquellas cosas que satisfacen sus deseos e inclinaciones, en vez de abandonarse a la Divina Providencia y aceptar agradecidas lo que ella les manda a través de las hermanas responsables de la autoridad. Naturalmente, con eso no se excluye que se haga notar a los superiores sobre aquello que exige la obligatoria consideración de la salud. Pero una vez que esto se ha hecho, hemos de liberarnos de toda otra preocupación. El voto de pobreza nos proporciona la despreocupación de los gorriones y de los lirios, para que el espíritu y el corazón permanezcan libres para Dios.

La santa obediencia sujeta nuestros pies para que no anden ya más por sus propios caminos, sino solamente por los caminos de Dios.

Los hijos del mundo llaman libertad al no estar sometidos a ninguna voluntad ajena y a que nadie les impida satisfacer sus deseos e inclinaciones. Por esa libertad se lanzan a sangrientos combates y sacrifican todo lo que tienen, los bienes y la vida. Los hijos de Dios, sin embargo, entienden por libertad algo diferente. Ellos quieren seguir sin estorbos al Espíritu de Dios y saben que los obstáculos más grandes no vienen desde fuera, sino que yacen en nuestro propio interior. La razón y la voluntad del hombre, que gustosamente quieren ser su propio señor, no se percatan de cuán fácilmente se dejan persuadir por la concupiscencia y se convierten en sus esclavos. No hay mejor camino para liberarnos de esa esclavitud y hacernos dóciles a la dirección del Espíritu Santo que el camino de la santa obediencia.

"En la obediencia es donde mi alma se siente realmente libre". Esto hace decir Goethe a la heroína de uno de sus poemas, que está fuertemente impregnado de espíritu cristiano. La auténtica obediencia no consiste solamente en la no transgresión externa de las prescripciones de la Santa Regla y de los preceptos y las órdenes de los superiores; tiene, más bien, que convertirse en una auténtica renuncia a la propia voluntad. Por eso, el que obedece no estudia la Regla y las Constituciones para descubrir sutilmente cuánta, así llamada, libertad se le permite todavía, sino para descubrir cada vez mejor cuántos pequeños sacrificios y oportunidades tiene cada día y cada hora al alcance de la mano para el crecimiento en la renuncia de sí mismo. El toma sobre sí los preceptos y las normas como un yugo suave y una carga ligera, pues se siente, a través de ellos, más estrecha y profundamente unido con el Señor, que fue obediente hasta la muerte y muerte de Cruz. Puede que a los hijos de este mundo les parezca inútil, irracional y estrecho de miras obrar de esa manera, pero el Salvador, que realizó durante treinta años su trabajo cotidiano en base a tales pequeños sacrificios, nos juzgará de una manera muy diversa.

El voto de castidad busca liberar al hombre de todas las ataduras de la vida mundana, para abrazarlo a la cruz por encima de toda agitación y dejar también libre su corazón para su fusión total con el Crucificado. Un sacrificio tal no se lleva a cabo de una sola vez. Muy bien se puede estar exteriormente apartado de las circunstancias que fuera conducen a la tentación, sin embargo en la memoria y en la fantasía permanecen todavía muchas cosas que pueden perturbar el espíritu y quitar la libertad al corazón. Existe, además, el peligro de que en los protegidos muros del convento se creen nuevas ligaduras y así se resienta la total unión con el corazón divino.

Con nuestra entrada en la Orden nos convertimos nuevamente en miembros de una familia y hemos de ver y honrar en nuestras superioras y hermanas a miembros vivos del cuerpo místico de Cristo. Con todo, somos hombres y puede que se mezcle en el santo amor, infantil y fraternal, algo demasiado humano. En ese caso creemos ver a Cristo en el hombre que tenemos delante y no nos damos cuenta de que nos apegamos humanamente al hombre y corremos el peligro de perder a Cristo de vista. Ahora bien, no solamente la inclinación humana enturbia la pureza del corazón, pues peor que un "demasiado" amor humano es un "demasiado poco" amor al corazón divino. Cada aversión, cada enojo, cada rencor que toleramos a nuestro corazón cierra las puertas al Salvador. Las agitaciones involuntarias se presentan, naturalmente, sin culpa nuestra, pero tan pronto como las consentimos tenemos que tomar inexorablemente partido contra ellas; de lo contrario nos ponemos en contra de Dios, que es Amor, y trabajamos en provecho del adversario. El himno que cantan las vírgenes en el séquito del Cordero es con seguridad el himno del más puro amor.

La Cruz es elevada nuevamente ante nosotras.

Ella es el signo de contradicción. El Crucificado nos contempla desde allí y nos dice: "¿Queréis abandonarme también vosotras?" El día de la renovación de los votos tiene que ser siempre el día de un serio examen personal. ¿Hemos sido consecuentes con lo que profesamos con fervor inicial? ¿Hemos vivido como conviene a las desposadas del Crucificado, del Cordero que ha sido inmolado? En los últimos meses hemos oído bastante a menudo que las muchas oraciones por la paz no surtieron todavía ningún efecto. ¿Qué derecho tenemos nosotras a ser escuchadas? Nuestro anhelo de Paz es, sin duda, auténtico y sincero, pero... ¿procede de un corazón totalmente purificado? ¿Hemos rezado verdaderamente en el nombre de Jesús, es decir, no sólo con el nombre de Jesús en los labios, sino en el espíritu y en el sentir del Señor, sólo para la gloria de la Voluntad del Padre y sin buscarnos a nosotras mismas?

El día en que Dios tenga poder ilimitado sobre nuestro corazón tendremos también nosotros poder ilimitado sobre el suyo. Si tenemos esto presente, nunca tendremos el valor de condenar a hombre alguno. No debemos, sin embargo, tampoco desalentarnos si después de mucho tiempo en la vida religiosa tenemos que decirnos a nosotras mismas que todavía somos aprendices e inexpertas. La fuente que mana del corazón del Cordero no se ha agotado. Todavía hoy podemos lavar allí nuestras vestiduras como lo hizo un día el buen ladrón en el Gólgota. En la confianza de la fuerza reparadora de ese sagrado manantial nos postramos ante el Trono del Cordero y respondemos a su pregunta: Señor,

¿adónde iremos? Sólo tú tienes palabras de vida eterna. Déjanos beber de las fuentes de la santidad para nuestro bien y el de este mundo sediento. Danos la gracia de poder pronunciar con un corazón puro las palabras de la esposa, que dice;

¡¡¡VEN,
VEN SEÑOR JESUS,
VEN PRONTO!!!

8

LA EXALTACIÓN DE LA CRUZ

14.9.1941

San Benito determinó en su "Sancta Regula" que el ayuno comenzara para los religiosos con la fiesta de la Exaltación de la Cruz. La prolongada alegría pascual y las solemnidades del verano (al final, todavía la fiesta de la Coronación de María como Reina del Cielo) podrían, quizás, empalidecer o hacer desaparecer de nuestra mente la imagen del Crucificado, de la misma manera que ésta permaneció escondida en los primeros siglos del cristianismo. Pero llegado su tiempo, apareció la Cruz resplandeciente en el cielo, amonestando a los hombres a buscar el madero de la ignominia, escondido y olvidado, y a reconocer en él el signo de la salvación, el símbolo de la fe y el emblema de los creyentes. Cada año, cuando la Iglesia la levanta ante nuestros ojos, hemos de acordarnos de la exhortación del Señor: "Quien quiera ser mi discípulo, que cargue con su Cruz y me siga" (Mc. 8,34; Lc. 14,27). Cargar con la Cruz significa caminar por el camino de la penitencia y la renuncia. Seguir al Salvador significa, para nosotras religiosas, dejarnos clavar en la

Cruz con los tres clavos de los votos. La Exaltación de la Cruz y la renovación de los votos están íntimamente unidas.

El Salvador nos ha precedido en el camino de la pobreza. A El le pertenecen todos los bienes del cielo y de la tierra. Ellos no significan para El ningún peligro; El podía usar de ellos, manteniendo a la vez su corazón totalmente libre. El sabía, sin embargo, que a los hombres apenas les es posible poseer bienes sin sucumbir ante ellos y sin convertirse en sus esclavos. Cristo abandonó por eso todo lo que tenía, mostrando así, más por medio del ejemplo que a través de consejos, que todo lo posee quien nada tiene. Su nacimiento en el establo y su huida a Egipto nos muestran ya que el Hijo del Hombre no habría de tener ningún lugar donde reclinar la cabeza.

Quien le sigue ha de saber que nosotros no tenemos en la tierra un lugar duradero. Cuanto más vivamente lo experimentemos, tanto más apremiante será nuestra esperanza de lo venidero y nuestra alegría en la certeza de que tenemos un lugar preparado para nosotros en el cielo. Es bueno que pensemos hoy que a la pobreza pertenece también la disposición a abandonar, incluso, los muy amados claustros conventuales. Nosotras nos hemos comprometido a vivir en clausura y lo hacemos siempre de nuevo, cada vez que renovamos nuestros votos. Dios, sin embargo, no está obligado a mantenernos siempre dentro de los muros de la clausura. El no los necesita, pues tiene otros muros para protegernos. Sucede algo parecido con los sacramentos. Ellos representan para nosotros los medios ordinarios de la gracia y ninguna disposición de nuestra parte es suficiente para recibirles, pero Dios no está atado a ellos. En el mismo momento en que nosotras fuéramos privadas por imposición exterior de la recepción de los sacramentos, en ese mismo instante podría El, de otras maneras y en sobreabundancia, resarcirnos con su gracia, y seguramente lo hará en la medida en que nosotras hayamos permanecido anteriormente fieles a su recepción. Por ello se convierte en nuestra santa obligación el acatar lo más meticulosamente posible las normas de la clausura, para vivir sin obstáculo alguno, ocultas con Cristo en Dios. Si permanecemos fieles en esto y fuéramos arrojadas a la calle, el Señor nos enviará sus ángeles, que acamparán en nuestro entorno para proteger nuestras almas con el batir invisible de sus alas, mejor que la más alta y más fuerte muralla. No hemos de anhelar una situación tal y podemos muy bien rezar para que no tengamos que vivir esa experiencia; sin embargo, con el deseo sincero y serio: ¡Que no se haga mi voluntad, sino la tuya! El voto de pobreza quiere ser renovado sin reservas.

¡Que se haga tu voluntad! Ese fue el contenido de la vida de nuestro Redentor. El vino al mundo para realizar la voluntad del Padre, no sólo para expiar con su obediencia el pecado de la desobediencia, sino para retornar a todos los hombres al camino de la obediencia. A la voluntad creada no le ha sido dado el ser soberanamente libre; ella está llamada a adecuarse a la voluntad divina. Si se somete libremente a esa adecuación, entonces le es concedido cooperar libremente con el perfeccionamiento de la creación. Y si la creatura libre se niega a esa adecuación, se esclaviza. La voluntad del hombre mantiene todavía la posibilidad de elección, pero se encuentra aún en la esfera de las creaturas; ellas le arrastran y le empujan en direcciones que se alejan del desarrollo de su naturaleza querida por Dios, y con ello le alejan también de la meta a la cual su libertad estaba originariamente dirigida. El hombre pierde también, junto con esa libertad originaria, la seguridad de decisión. La voluntad se hace inconstante e inestable, es acosada por dudas y escrúpulos o se enquista en su extravío. Frente a esto no hay otro remedio sino el del camino del seguimiento de Cristo; del Hijo del Hombre, que no sólo obedeció directamente al Padre celestial, sino que se sometió a los hombres que la voluntad del Padre había colocado sobre El. La obediencia ordenada por Dios libera la voluntad esclavizada de las ataduras de las creaturas y la conduce de retorno a la libertad. En ese sentido es también el camino hacia la pureza del corazón.

No hay ninguna cadena que sea más fuerte que la de la pasión. El cuerpo, el alma y el espíritu pierden bajo su peso su fuerza y salud, su claridad y su belleza. Así como al hombre, signado por el pecado original, apenas si le es posible poseer bienes sin atarse a ellos, así existe en casi todas las inclinaciones naturales el peligro de la degeneración de la pasión, con todas sus devastadoras consecuencias. Dios nos ha dado para ello dos remedios: el matrimonio y la virginidad. La virginidad es el camino más radical y por ello también el más fácil. Este no es, sin embargo, el motivo más profundo por el cual Cristo la eligió para precedernos.

El mismo matrimonio es ya un gran misterio como símbolo de la unión de Cristo con la Iglesia y, al mismo tiempo, como su instrumento. La virginidad, por su parte, es un misterio más profundo aún; ella no sólo es símbolo e instrumento de la unión conyugal con Cristo y de su fecundidad sobrenatural, sino su misma participación. Ella brota desde lo más profundo de la vida divina y nos conduce nuevamente a ella. El Padre eterno participó la totalidad de su esencia al Hijo con amor incondicional y de la misma manera se la retorna el Hijo al Padre. El paso de Dios hecho hombre por la vida temporal nada podía cambiar en esa entrega absoluta de Persona a Persona. El Hijo pertenece al Padre por los siglos de los siglos, y por eso no podría entregarse a ninguna otra persona humana.

Lo que El hizo fue introducir, a los hombres que querían entregarse a El, en la unidad de su Persona divina y humana como miembros de su Cuerpo Místico, para ofrecerlos así al Padre. Para eso vino al mundo. Esa es la divina fecundidad de su virginidad eterna: que puede engendrar en las almas la vida sobrenatural. Y esa es también la fecundidad de las vírgenes que siguen al Cordero; que reciben con toda su fuerza e indivisa entrega la vida divina para, en íntima unión con la Cabeza divina y humana, transmitirla a otras almas y ganar de esa manera nuevos miembros para el Cuerpo Místico de Cristo.

A la virginidad divina va aparejado un rechazo absoluto por el pecado como antítesis de la santidad divina. De ese aborrecimiento por el pecado brota, sin embargo, un amor insuperable por el pecador. Jesucristo vino al mundo para arrancar a los pecadores del dominio de las tinieblas y reconstruir de esa manera la imagen divina en las almas prostituidas. El vino al mundo como Hijo del pecado (eso muestra, por lo menos, su árbol genealógico y toda la historia del Antiguo Testamento) y buscó siempre la compañía de los pecadores, para tomar sobre sí todo el pecado del mundo y cargarle consigo en el madero ignominioso de la Cruz, que por ese mismo motivo se convirtió en signo de su victoria. Por eso, precisamente, las almas vírgenes no sienten ningún tipo de aborrecimiento por los pecadores. La fuerza de su pureza sobrenatural no tiene miedo de contaminarse. El amor de Cristo las empuja a penetrar en la noche más profunda y ninguna alegría maternal terrena puede compararse con la felicidad del alma que enciende la luz de la gracia en la noche del pecado. El camino hacia esa maternidad es la Cruz. A la sombra de la Cruz se transformó la Virgen de las vírgenes en la Madre de la Gracia.

9

EPIFANÍA

Cuando la luz suave de las velas del Adviento (una luz misteriosa, en medio de una oscuridad también misteriosa) brilla en las tardes oscuras de diciembre se despiertan en nosotros los pensamientos consoladores de que la Luz divina, el Espíritu Santo, nunca dejó de alumbrar en las tinieblas de la humanidad caída. El Espíritu permaneció fiel a la creación sin tomar en cuenta las infidelidades de ésta. Y aun cuando las tinieblas no querían dejarse penetrar por la luz celestial, siempre hubo lugares abiertos donde esa luz pudo ser derramada.

Un rayo de esa luz cayó ya sobre los corazones de nuestros primeros padres en la hora del juicio al que hubieron de someterse; un rayo "iluminador", que despertó en ellos la conciencia de su culpa; un rayo "ardiente", que los hizo consumirse en el dolor del arrepentimiento; un rayo purificador y depurante, que los preparó para recibir la luz tierna de la estrella de la esperanza, que les fue prometida en las palabras del protoevangelio.

Los corazones de todos los hombres fueron acariciados a lo largo de los siglos por ese rayo de luz divina, de la misma manera que lo había hecho con los corazones de nuestros primeros padres. La luz divina, escondida a los ojos del mundo, iluminaba y acrisolaba esos corazones, ablandaba su materia dura, enquistada y, a veces, deformada, y les daba nueva forma, con mano segura de artista, según la imagen de Dios. De esa manera, oculta a los ojos de los hombres, fueron y son formadas las piedras vivas que constituyen la Iglesia primeramente invisible. De esa Iglesia invisible brota, sin embargo, la Iglesia visible, que se manifiesta siempre de nuevo con acontecimientos admirables y revelaciones divinas; con "epifanías" siempre nuevas. La obra silenciosa del Espíritu Santo en lo más íntimo de sus almas hizo de los patriarcas amigos de Dios. Pero cuando ellos alcanzaron la plenitud necesaria para convertirse en sus instrumentos apropiados, los hizo protagonistas de obras admirables y soportes de la evolución histórica, de manera que pudo hacer nacer de ellos a su pueblo elegido. Así fue educado también Moisés, primero en la intimidad, para ser nombrado luego conductor y legislador de su pueblo.

No todos aquellos a quienes Dios toma como sus instrumentos tienen que ser preparados de esa manera. Muchos hombres pueden servir a Dios sin su conocimiento y hasta, incluso, en contra de su propia voluntad. Eventualmente también, hombres que no pertenecen, ni exterior ni interiormente, a la Iglesia. Estos son movidos como el martillo o el cincel del artista, o las tijeras con que el viñador poda los sarmientos. En aquellos que pertenecen a la Iglesia puede preceder también temporalmente la pertenencia exterior a la interior, y esto puede llegar a ser muy importante, por ejemplo, cuando alguien es bautizado sin tener todavía conciencia de su fe, pero que la alcanza a través de la vida exterior de la Iglesia.

El último fundamento sigue siendo, sin embargo la vida interior; la formación del hombre va desde dentro hacia fuera. Cuanto más profundamente esté el alma unida a Dios, y cuanto más desinteresadamente se haya entregado a su gracia, tanto más fuerte será su influencia en la configuración de la Iglesia. Y viceversa, cuanto más profundamente esté sumergida una época en la noche del pecado y en la lejanía de Dios, tanto más necesita de almas que estén íntimamente unidas a El. Pero aun en esas situaciones Dios no nos abandona. Desde la noche más oscura surgen las grandes figuras de los profetas y los santos, aun cuando, en gran parte, la corriente vivificante de la vida mística permanece invisible. No cabe ninguna duda, sin embargo, de que los giros decisivos de la historia del mundo fueron esencialmente influenciados por almas sobre las cuales poco o nada dicen los libros de historia. Y cuáles son las almas, a las que hemos de agradecer las transformaciones decisivas de nuestra vida personal, es algo que sólo habremos de experimentar el día en que todo lo oculto sea revelado.

Es posible hablar de una "Iglesia invisible", porque las almas escondidas no viven aisladas, sino en un contexto viviente y dentro del gran orden del plan divino. Su efectividad y su íntima unión puede que permanezcan ocultas para ellos mismos y para los otros a lo largo de toda su vida terrenal. Sin embargo, es también posible que algo de ese orden salga a la luz y se haga visible. Ese es el caso de las personas y los acontecimientos que enmarcan el misterio de la Encarnación. María y José, Zacarías e Isabel, los pastores y los Magos, Simeón y Ana, todos ellos habían vivido en la intimidad de Dios y estaban preparados para la tarea especial que les habría de ser encomendada, antes aún de haber experimentado el admirable encuentro con el Señor y antes de poder entender el camino de su vida como un camino hacia ese punto culminante. En todos los himnos que la tradición nos ha legado se expresa su admiración ante las maravillas de Dios.

Por otra parte, encontramos en los hombres que se reunieron en torno al pesebre una imagen clara de la Iglesia y de su desarrollo. Los representantes de la antigua dinastía real, a la cual le había sido prometido el Salvador del mundo, y los representantes del pueblo fiel constituyen el lazo de unión entre el Antiguo y el Nuevo Testamento. Los Magos de Oriente representan a los gentiles, a quienes desde Judá les sería dada también la salvación. Así tenemos entonces una Iglesia constituida por judíos y gentiles. Los Magos llegaron también al pesebre como representantes de aquellos que en todos los países y pueblos buscan la salvación. La gracia los había conducido hasta el pesebre de Belén, antes de que pertenecieran a la Iglesia visible. En ellos vivía un deseo puro de alcanzar la Verdad, que no se deja contener en las fronteras de las doctrinas y tradiciones particulares. Dios es la verdad y El quiere manifestarse a todos aquellos que le buscan con sincero corazón; por eso, tarde o temprano tenía que aparecerse la estrella a esos "sabios", para conducirlos por el camino de la Verdad. Por eso se presentan ante la Verdad encarnada y, postrados ante ella, depositan sus coronas a sus pies, pues todos los tesoros del mundo no son sino polvo en comparación con ella.

Los Magos tienen también para nosotros un significado especial. Aun perteneciendo ya a la Iglesia visible, percibimos muchas veces la necesidad interior de superar los límites de las concepciones y costumbres heredadas. Nosotros conocíamos ya a Dios, sin embargo sentíamos que El quería ser buscado y encontrado de una manera nueva. Por eso buscamos una estrella que nos indique el camino recto. Esa estrella se nos manifestó en la gracia de nuestra vocación. Nosotros la hemos seguido y al final del camino encontramos al Niño divino. El extendió sus manos para recibir nuestros dones y esperaba de nosotros el oro de un corazón liberado de los bienes terrenos, la mirra de la renuncia a la felicidad de este mundo, para recibir a cambio parte de la vida y de los sufrimientos de Cristo, y, finalmente, el incienso de una voluntad con altas aspiraciones, que se entrega totalmente para someterse a la voluntad divina. A cambio de esos dones el Niño divino nos entrega su propia vida.

Ese admirable intercambio no fue, sin embargo, el único. El planifica nuestra vida toda. Después de la hora solemne de nuestra entrega nupcial siguió el quehacer cotidiano de la vida religiosa. Tuvimos que "volver a nuestro país de origen", pero "por otro camino", conducidos por la nueva luz que había iluminado aquella hora solemne. Esa luz nueva nos exige también que busquemos con nuevos ojos. "Dios se deja buscar", dice San Agustín, "para dejarse encontrar. Y El se deja encontrar para que podamos buscarle nuevamente". Después de cada hora marcada por la gracia nos da la impresión de que comenzamos a comprender nuestra vocación.

Por eso, el hecho de renovar cada año nuestros votos responde a una profunda necesidad interior y tiene especial importancia que lo hagamos el día de la fiesta de los tres Reyes Magos, cuya peregrinación y adoración del Niño es un modelo para nuestra propia vida. El Niño divino responde a cada una de las renovaciones de nuestros votos, hechas con sincero corazón, con una renovada aceptación de nuestra vida en una íntima comunicación interior. Esta aceptación representa, por su parte, una nueva y silenciosa acción de la gracia en nuestra alma. Quizás se expresa, incluso, en una "epifanía", en una revelación de la obra de Dios en nuestra conducta exterior y en nuestro obrar, que hasta, incluso, puede ser percibida en nuestro entorno. Pero puede también que produzca frutos que permanecen ocultos a los otros hombres y de los cuales brotan las fuentes misteriosas de la vida.

Hoy vivimos en una época que necesita urgentemente de una renovación desde las fuentes escondidas de las almas íntimamente unidas a Dios. Hay mucha gente que tiene puestas sus últimas esperanzas en esas fuentes de la salvación. Esta es una amonestación muy seria: de cada una de nosotras se exige una entrega total al Señor que nos ha llamado, para que pueda ser renovada la faz de la tierra. En total confianza debemos abandonar nuestra alma a las inspiraciones del Espíritu Santo. No es necesario que experimentemos la "epifanía" de nuestra vida, sino que hemos de vivir en la certeza de fe de que, lo que el Espíritu de Dios obra escondidamente en nosotros, produce sus frutos en el reino celestial. Nosotros los veremos en la eternidad.

De esa manera queremos presentar al Señor nuestras ofrendas y las depositamos en las manos de su Madre. Este primer sábado fue consagrado especialmente a su nombre (el 6 de enero de 1940 fue sábado. N. del T.), y nada puede significar para su corazón una alegría más grande que la entrega cada vez más profunda de nuestro corazón al corazón de Dios. Además, ella intercederá ante el Niño en el pesebre para que tengamos santos sacerdotes y para que su obrar sea colmado de bendiciones. Esta es la petición que este sábado sacerdotal exige de nosotros y que la Madre de Dios ha puesto en nuestro corazón como elemento esencial de nuestra vocación carmelitana.

10

En torno al pesebre de Belén

6.1.1941

Una vez más nos arrodillamos ante al pesebre, junto a los tres Reyes Magos. Los latidos del Niño divino han dirigido la estrella que nos condujo hasta aquí. Su luz, reflejo de la Luz eterna, se refracta en múltiples aureolas alrededor de la cabeza de los santos que la Santa Iglesia nos presenta como corte del Rey de los Reyes que acaba de nacer. Ellos nos dejan entrever algo del misterio de nuestra vocación.

María y José no pueden ser separados de ninguna manera de su Hijo divino en la liturgia de la Navidad. Ellos no tienen en ese tiempo una fiesta propia, pues todas las fiestas del Señor son "sus" fiestas, fiestas de la Sagrada Familia. Ellos no "se acercan" al pesebre, pues ellos han estado siempre allí; y quien se acerca al Niño se acerca también a ellos, que están totalmente sumergidos en su luz celestial.

La fiesta más cercana a la del Redentor recién nacido es la de San Esteban. ¿Qué es lo que deparó al primer testigo de sangre del crucificado este lugar de honor? El realizó con entusiasmo juvenil lo que dijo Cristo al venir al mundo: "Me has dado un cuerpo; mira, que he venido a cumplir tu voluntad"; se ejercitó en la obediencia absoluta, que tiene su raíz en el amor y se expresa también en él. San Esteban siguió al Señor en aquello que es quizás, naturalmente hablando, lo más difícil para el corazón humano, tanto que parece imposible: cumplir con el mandamiento del amor a los enemigos de la misma manera que el Redentor.

El Niño que yace en el pesebre, y que ha venido a llevar a plenitud la voluntad del Padre hasta la muerte y muerte de Cruz, contempla en su espíritu a todos los que le van a seguir por ese camino. Su corazón se inclina hacia el primer discípulo que será recibido en el trono del Padre con la palma del martirio. Su manecita nos le presenta como a nuestro modelo y como si dijera: Mirad, este es el oro que yo espero de vosotros.

No muy lejos del primer mártir se encuentran las "flores martyrum", los pétalos tiernos que fueron arrancados antes de que hubieran podido siquiera madurar para ofrecerse libremente como víctimas. Es un principio piadoso de la fe el que dice que la gracia se adelantó a los acontecimientos naturales y concedió a los niños inocentes la comprensión de lo que sucedería con ellos para hacerles capaces de entregarse libremente y asegurarse así el premio de los mártires. Sin embargo, ni aun así pueden equipararse al confesor resuelto de la fe, que con valentía heroica se compromete en la causa de Cristo. Ellos se asemejan más bien a los corderos que, abandonados e indefensos, son llevados al matadero. En ese sentido son la imagen de la pobreza más extrema. Ellos no poseen ningún otro bien, sino su propia vida, que ahora también se les quita, sin que ellos puedan oponer resistencia alguna. Los Santos Inocentes rodean el pesebre para mostrarnos cuál es la mirra que nosotros hemos de ofrecer al Niño divino; quien quiera pertenecerle totalmente debe entregarse a El y a la voluntad divina como esos niños, en total desprendimiento de sí mismo.

El Redentor tampoco quiere extrañar en el pesebre al discípulo que le fue particularmente fiel durante su vida, al "discípulo que Jesús amaba". Nosotros le conocemos bajo la imagen de la pureza virginal. El agradó al Señor precisamente porque era puro. El reclinó su cabeza sobre el pecho de Jesús y allí fue iniciado en los misterios del corazón divino. De la misma manera que el Padre dio testimonio de su Hijo cuando dijo: "Este es mi Hijo muy amado, oídle", así parece señalarnos el Niño divino a su discípulo amado y decirnos: No hay incienso que me sea más agradable que la entrega de un corazón puro. Escuchad a aquel que pudo ver a Dios porque tenía un corazón puro.

Nadie pudo contemplar más profundamente que él los abismos escondidos de la vida divina. Por eso proclama él solemnemente al final de la Santa Misa, en las celebraciones navideñas, el misterio del eterno nacimiento del Verbo divino. (En aquel tiempo se concluía cada celebración eucarística de la octava de Navidad con la lectura del prólogo de San Juan. N. del T.). El vivió las luchas del Señor tan de cerca como sólo lo puede hacer un alma que ama. El nos mostró al Buen Pastor que va detrás de las ovejas perdidas. De él podemos aprender cuán preciadas son para el corazón divino las almas de los hombres, y, además, que la mayor alegría que podemos depararle es que nos entreguemos voluntariamente a El, como sus instrumentos en el camino del rebaño. El ha guardado cuidadosamente y nos ha transmitido numerosos testimonios en los cuales el Redentor confesó su divinidad, frente a amigos y enemigos. El abrió ante nosotros el relicario del corazón divino en la reproducción de los discursos de despedida del Señor y de su oración sacerdotal. Por su intercesión sabemos qué parte nos corresponde en la vida de Cristo —como sarmientos injertados en la viña divina—y del Dios Trinitario.

El pudo contemplar, todavía en vida, al Dios hecho Hombre como juez del mundo, para dibujarnos luego los grandiosos enigmas de las misteriosas profecías apocalípticas en ese libro que, como ningún otro, nos enseña a comprender las turbulencias de nuestro tiempo como una parte de la gran batalla entre Cristo y el Anticristo. Un libro de inexorable seriedad y consoladora promesa. La presencia de San Juan junto al pesebre nos dice: Mirad lo que se concede a quienes se entregan a Dios con un corazón puro. Ellos van a participar de la total e inacabable plenitud de la vida humano-divina de Cristo como don real. Venid y bebed de la fuente de agua viva que el Salvador abre a los sedientos que caminan hacia la vida eterna. La palabra se hizo carne y yace ante nosotros bajo la forma de un pequeño Niño recién nacido.

Hoy podemos acercarnos a El para presentarle el

don de nuestros votos, y luego hemos de andar un nuevo año junto a El por los caminos de su vida terrena. Cada misterio de esa vida, en la cual intentamos penetrar en contemplación amante, es para nosotros como una fuente de vida eterna. Y el mismo Redentor, a quien la palabra de la Escritura nos le presenta bajo forma humana en todos sus caminos terrenales, vive entre nosotros, oculto bajo las formas del Pan Eucarístico, y viene a nosotros cada día como el Pan de la Vida. De una u otra forma está siempre junto a nosotros, y de una u otra forma quiere que le busquemos y encontremos. La una apoya a la otra. Si vemos a nuestro Redentor con los ojos del espíritu, tal como nos lo dibujan las Sagradas Escrituras, entonces crecerán en nosotros las ansias de recibirle como el Pan de la Vida. El Pan Eucarístico, por su parte, despierta en nosotros el deseo de conocer al Señor más profundamente en las palabras de la Escritura y fortifica nuestro espíritu para un mayor entendimiento.

¡Un nuevo año de la mano del Señor! Ni siquiera sabemos si podremos experimentar el final de este año, pero si bebemos cada día de las fuentes del Salvador, entonces cada día nos hará penetrar más profundamente en la vida eterna y nos preparará para separarnos más fácilmente de la carga de esta vida terrena, cuando resuene la llamada del Señor. El Niño divino nos ofrece su mano para la renovación de la alianza nupcial. Apurémonos a asir esa mano: El Señor es mi luz y mi salvación, ¿a quién temeré?

11

UNA OFRENDA DE AMOR

16.7.1940

"Induit nos, Genetrix Domini, vestimento salutis:
et indumento justitiae circumdedit nos, aleluya."
"La Madre del Señor nos cubrió con el vestido de la
salvación y nos revistió con el manto de la justicia,
aleluya."

Así rezamos el día de la fiesta de María, Reina del
Carmelo, en la solemnidad de nuestra Santa Orden.
La Madre del Señor es la mediadora de todas las
gracias y, por ello, todos los hombres que son resca-
tados de la perdición por su amor misericordioso
reciben de su mano la vestimenta de salvación y la
gracia santificante que los consagra y transforma en
hijos de Dios. Pero a nosotras, que podemos llamar-
nos sus hijas y hermanas predilectas, nos obsequia
con una vestimenta de salvación todavía más especial. María, como Madre de Cristo, elige a las almas
que va a conducir hasta su Hijo y a cubrir, por su
honor y gloria, con el vestido nupcial. Ella es la que
plantó su Orden en la cumbre del Monte Carmelo
como un jardín de delicias para el Rey celestial y
también la que la extendió por todo el mundo.
Como signo especial de su misericordia y de su pro-

tección maternal nos obsequió finalmente con el Santo Escapulario.

Hace un año, querida hermana, recibió usted ese Escapulario junto con el Santo Hábito, pero aquella vez solamente en préstamo, para poder ejercitarse, como en un tiempo de prueba, con la armadura de Dios. Ahora lo recibe usted nuevamente pues se ha decidido a sellar una santa alianza con el Señor del cielo y de la tierra. El hecho de que esta celebración coincida con la fiesta de María Reina del Cielo es una prueba especial de amor maternal; de la misma manera que es una prueba de amor que la Madre de Dios le haya concedido a usted su propio nombre.

Tales pruebas de su amor nos obligan de manera especial a la acción de gracias. Cuando recibimos el santo hábito del Carmelo nos comprometemos a servir no sólo a nuestro Esposo divino, sino también a su santa Madre. El vestido de salvación es llamado también vestido de justicia y nos es entregado con la amonestación de que hemos de abandonar el hombre viejo para revestirnos del nuevo, que fue creado a imagen de Dios en santidad y justicia. La Sagrada Escritura entiende por justicia la perfección, el estado del hombre redimido que ha sido "justificado" y así retornado al estado anterior al pecado original. Por la aceptación del vestido de la justicia nos comprometemos, por lo tanto, a luchar con todas nuestras fuerzas por alcanzar la perfección y mantener inmaculada nuestra vestimenta sagrada. No podemos servir mejor a la Reina del Carmelo y tampoco podemos mostrarle mejor nuestro agradecimiento que contemplando su imagen ejemplar y siguiéndola en el camino de la perfección.

En los Evangelios nos han sido transmitidas muy pocas y breves palabras sobre la Virgen María, pero esas palabras se asemejan a granos de oro purísimo. Cuando ellos se derriten en el crisol de la contemplación amante se derraman sobre nosotras y cubren toda nuestra vida de un brillante resplandor dorado. Lo primero que oímos de la boca de María, en su diálogo con el ángel en el momento de la Anunciación, es: "¿Cómo podrá suceder esto, si yo no conozco varón?" (Lc. 1,34). Esta frase no es otra cosa que el reconocimiento de su pureza virginal. María había consagrado su corazón y todas las fuerzas de su cuerpo, de su alma y de su espíritu al servicio de Dios en entrega indivisible. Con ello agradó al Todopoderoso, y El, aceptando su entrega, la premió con la admirable fertilidad de la maternidad divina. María pudo penetrar profundamente en el misterio de la virginidad, sobre la cual su Hijo divino se expresó diciendo: "Quien pueda entender, que entienda."

Su corazón saltó de gozo cuando ella supo lo que Dios tenía preparado para aquellos que le aman. María no pudo regalar a sus preferidos nada mejor que la llamada al seguimiento de Cristo, en el camino por el cual se alcanza esa admirable fertilidad y una felicidad que supera todo lo pensable. Como símbolo de la belleza resplandeciente, en la cual se encuentra sumida toda alma realmente virgen, le viste ella con el manto inmaculado y blanco. El manto blanco nos recuerda constantemente que hemos sido invitadas a las Bodas del Cordero, que hemos sido llamadas a cantar el himno del amor celestial, que sólo nosotras podemos cantar con el coro de las vírgenes, y que hemos de seguir al Cordero sin separarnos nunca de El.

Cuando el ángel escuchó la declaración de María, disipó inmediatamente todos sus temores. Dios no pensó ni un solo momento en desligarla de su promesa. De ninguna manera; precisamente, gracias a su virginidad, puede ser cubierta con la sombra engendrante del Espíritu Santo.

María es, por ello, destinada a ser Virgen y Madre. Y ahora dejemos sonar en nuestros oídos la segunda frase de la Virgen: "He aquí la esclava del Señor. Que se haga en mí según tu palabra" (Lc. 1,38). Esa es la expresión más perfecta de la obediencia. Obedecer significa prestar atención a la palabra de otro, para someter nuestra voluntad a la de él. Y es una virtud, un ejercicio de la virtud de la justicia, si el otro es un "superior" que sabe dirigirnos mejor de como lo haríamos nosotras mismas. En este caso no se entiende por justicia la perfección total, sino la virtud cardinal, que da a cada uno lo que le corresponde. La obediencia más perfecta es la obediencia que tenemos para con Dios: la subordinación de la propia voluntad a la voluntad divina. Jesucristo fue quien nos dio ejemplo de esa obediencia perfecta, ya que El no vino a cumplir su voluntad, sino la de Aquel que le había enviado. Esa misma obediencia perfecta fue ejercitada por María, que se llamó a sí misma la esclava del Señor, y, como tal, se consagró con todas sus fuerzas a su servicio.

148

Nosotras, a través de nuestro voto de obediencia, nos comprometemos a vivir también en esa obediencia perfecta. Nos comprometemos a someter nuestra voluntad a la de nuestros superiores, en la absoluta confianza de que el Señor nos habla por sus labios y nos manifiesta en ellos su voluntad. ¿Y quién podría saber mejor que El qué es lo que nos hace falta? El camino de la obediencia se convierte de esa manera en el camino más seguro para alcanzar nuestro destino eterno. Y aun cuando en ella misma no esté todavía contenida la perfección última, es la obediencia la que nos proporciona la llave para alcanzarla. Dios quiere sólo nuestra salvación, y si sintonizamos nuestra voluntad con la suya podemos estar seguros de que alcanzaremos la perfección eterna.

Jesús y María son también nuestros modelos en la subordinación de la voluntad a una autoridad y un orden dados por Dios. En humilde obediencia se sometieron a cada insinuación que el Padre celestial había dado a la Sagrada Familia a través de las autoridades visibles. Todos fueron siempre fieles a las determinaciones de la ley que el Señor había dado a su pueblo y acataron las ordenaciones de las autoridades civiles y religiosas.

Como símbolo de los lazos de nuestra voluntad se nos ajusta el cinturón con las palabras que Cristo dijo a Pedro: "Cuando eras joven vivías y actuabas como un joven, te vestías e ibas a donde tú querías; cuando seas viejo, otro te vestirá y te llevará a donde tú no quieres..." (Jn. 21,18). Quien se deja conducir como un niño en el andador de la obediencia, ése alcanzará el Reino de los Cielos, que ha sido prometido a los que se hacen como ellos.

La obediencia condujo también a la doncella real de la casa de David a la humilde casita del pobre carpintero de Nazaret; él mismo se vio obligado a sacar a ambos santos del entorno pacífico de su modesto hogar, para llevarlos a los caminos y al establo de Belén, donde habría de nacer el Hijo de Dios en un pesebre. El Redentor y su Madre recorrieron más tarde los caminos de Judea y Galilea, viviendo en la pobreza de las limosnas de los creyentes. Desnudo y abandonado, fue clavado el Señor en la Cruz, y puso el cuidado de su Madre en las manos del discípulo que amaba. Por esta razón exige Él la pobreza de aquellos que quieren seguirle. El corazón del hombre tiene que estar liberado de toda atadura a los bienes terrenales, de la preocupación por ellos, de su dependencia, de las ansias de poseerlos. Esa libertad es necesaria para todas aquellas almas que quieren pertenecer al esposo divino de manera indivisible y para la voluntad que pretende seguir todas las insinuaciones de la santa obediencia en estado de disposición libre y absoluta.

Los tres votos se complementan mutuamente. No se puede cumplir con uno a la perfección sin atender simultáneamente a los otros. La Madre de Dios nos ha precedido en ese camino y quiere ser nuestra guía. Querida hermana Miriam, confíese con un corazón de niño a esa Madre misericordiosa. Si así lo hace, no necesita tener miedo ante la grandeza de lo que promete. El Señor, que la ha llamado y hoy la acepta como a su prometida, quiere otorgarle la gracia de permanecer fiel a su llamada, y quiere entregársela a través de las manos de su Madre. Usted tiene, además, a su lado otra patrona: Santa Teresita del Niño Jesús. Ella nos muestra cómo podemos seguir al Señor y a la Virgen del Carmelo hasta en los detalles más pequeños de la vida cotidiana. Si usted aprende de ella a amar y a servir a Dios con un corazón puro y desprendido, entonces podrá cantar el himno de gozo de la santa Virgen María: "Mi alma canta la grandeza del Señor y mi espíritu se alegra en Dios mi Salvador. El ha hecho en mí maravillas, pues El es poderoso y su nombre es santo" (Lc. 1,46). Y lo mismo que Santa Teresita, podrá decir usted al final de su vida: "No me arrepiento de haberme entregado al Amor."

12

LA CONDUCCIÓN DE LA VIDA SEGÚN EL ESPÍRITU DE SANTA ISABEL

¿**P**or qué se habrá convertido nuestra época en época ávida y, casi se podría decir, adicta a las celebraciones? ¿No es quizás el peso opresivo de la miseria el que despierta el deseo de evadirse por un momento de la atmósfera gris y aplastante del presente, para calentarse un poco bajo el sol de días mejores? Una tal evasión representaría, sin embargo, un modo estéril de celebrar nuestras fiestas, y hemos de suponer que es un deseo más profundo y sano, si bien no siempre igualmente consciente, el que dirige las miradas al pasado. Una generación pobre en espíritu, pero a la vez sedienta de ese espíritu, vuelve su mirada hacia todos aquellos lugares donde en otro tiempo el espíritu fluyó en abundancia, para beberlo. Una inclinación tal es muy sana, pues el espíritu vive y no muere jamás. Allí donde alguna vez colaboró en el cultivo de la vida humana y de las obras hechas por la mano del hombre, no dejó solamente monumentos muertos, sino que continúa existiendo misteriosamente, como una brasa oculta y bien protegida, que, apenas acariciada por una brisa vivificante, arde, brilla y enciende a otras.

La mirada penetrante y llena de amor del investigador, que reencuentra las chispas escondidas en los monumentos del pasado, es el soplo vivificante que permite reencender la llama. Las almas receptivas de los hombres son la materia donde él enciende ese fuego y donde se convierte en fuerza formante que ayuda a contener y a estructurar la vida presente. Y si se trata de un fuego sagrado, que ardió alguna vez sobre la tierra y dejó en ella las huellas de su obrar, entonces se encuentran todos los lugares y vestigios de ese obrar bajo una protección santa. La brasa escondida es alimentada y mantenida, para ser reavivada como fértil y nunca vencida fuente de bendición.

Una tal fuente se nos abre en la memoria de esta santa encantadora que hace siete siglos, en una temprana consumación de su vida, cerró los ojos a este mundo para entrar en el radiante esplendor de la luz eterna. La historia de su vida se asemeja a un cuento maravilloso: la historia de la princesa Isabel de Hungría, que había nacido en el palacio de Pressbourg, mientras que, simultáneamente, el mago de Eisenach Klingsor leía su nacimiento en las estrellas y proclamaba su fama futura y su importancia para el país de Turingia. Las descripciones de los tesoros, que la reina Gertrudis acumulaba para dotar a su hijita, parecían sacadas de "Las Mil y una Noches", y también las descripciones de la carroza en donde fueron cargadas todas esas maravillas, cuando el landgrave Hermann de Turingia mandó a buscar a la princesa, en edad de cuatro años, para desposarla con su hijo, en la lejana

Wartburg. La reina prometió agregar aún una cuantiosa dote. Pero sus esfuerzos por conseguir riquezas, esplendor y poderío encontraron un final inesperado, ya que fue asesinada por unos conspiradores y la niña, que había enviado al extranjero para asegurarle una corona, quedó huérfana.

Las narraciones sobre la vida de los niños Luis e Isabel nos recuerdan la ternura de los cuentos populares alemanes. Ambos crecieron juntos en un profundo amor fraternal y permanecieron unidos en una fidelidad indestructible, pese a todas las conspiraciones que se urdieron para separarles y pese a que paulatinamente todos se apartaban de esta niña rara y extraña que prefería ocuparse de mendigos andrajosos en vez de participar en las alegres fiestas del palacio, y que más bien parecía hecha para la vida conventual que para ocupar un trono y ser el centro de una vida cortesana, suntuosa y brillante, como estaban acostumbrados los caballeros de Turingia desde los días en que el landgrave Hermann reinaba sobre Wartburg.

A continuación sigue una novela de caballería: la ceremonia de armar caballero al joven landgrave y su toma de posesión del trono, el matrimonio esplendoroso y la felicidad juvenil de los esposos príncipes; la vida de Isabel, como soberana del país, al lado de su esposo; las fiestas, cacerías, cabalgatas por todo el país y, entre todo esto, la asistencia silenciosa a los pobres y enfermos en los alrededores de Wartburg; más tarde, la creciente gravedad de los asuntos del reino: cruzadas guerreras de su esposo, la regencia durante su ausencia, la lucha contra el hambre y las epidemias, que diezmaban al pueblo, y, simultáneamente, contra las resistencias de su entorno, que no le querían permitir atacar con todos sus ímpetus la miseria. Finalmente, la promesa de la cruzada del landgrave, el profundo dolor de la despedida y de la desaparición y el derrumbe de la viuda consternada, cuando llega la noticia de su muerte. Según parece, el destino de una mujer como el de muchas otras.

Pero lo que sigue es nuevo y no tiene ningún parangón. La mujer, acongojada por el dolor, se levanta como "mulier fortis" (tal como la presenta la liturgia de su fiesta) y toma en sus manos su propio destino. En medio de la noche y de la tempestad abandona Wartburg, donde no se le permite vivir según los dictados de su conciencia. La santa busca refugio para ella y para sus hijos en Eisenbach y, al no encontrar un alojamiento adecuado, acepta momentáneamente la hospitalidad de su familia materna. Más tarde, una vez reconciliada con los hermanos de su marido, que le piden que retorne a Wartburg, para vivir allí con todos los honores y en amor fraternal, no puede soportar permanecer allí por mucho tiempo. Isabel se siente llamada a concluir el camino que había emprendido y abandona su lugar entre los "grandes", para vivir entre los más pobres de entre los pobres, como una de ellos. Finalmente, pone a sus hijos al cuidado de otras manos, para entregarse totalmente a Cristo y servirle en sus miembros sufrientes.

Despojada de todo, se consagra por los votos al Señor, que se había entregado totalmente por los suyos. El Viernes Santo del año 1229 extiende sus manos sobre el altar desnudo de la iglesia franciscana de Marburg y toma el hábito de la orden, a la que ya pertenecía desde hacía muchos años como terciaria, sin haber podido vivir totalmente según las inclinaciones de su espíritu, tal como se lo dictaba el corazón. Desde entonces se convierte en la hermana de los pobres y les sirve en el hospital, que había hecho construir para ellos. Sin embargo, esta situación no habría de durar mucho tiempo, pues al cabo de dos años sus fuerzas estaban agotadas y a la edad de veinticuatro años entra a participar del gozo de su Señor.

He aquí una vida que, encantadora y polifacética en sus acontecimientos exteriores, nos invita a ocupar la imaginación y despierta asombro y admiración. Sin embargo, es necesario penetrar hasta aquello que se encuentra por debajo de esos acontecimientos exteriores, percibir los latidos del corazón que soportó tales destinos y supo llevar a cabo tales obras y, finalmente, recibir en nosotros el espíritu que los inspira. Todas las cosas que se nos cuentan sobre Isabel y todas las palabras que de ella nos han sido transmitidas atestiguan unánimemente que tenía un corazón ardiente, que acogía con amor cálido, tierno, confiado y fiel a todo aquel que se le aproximaba.

Así entregó ya de niña su mano a las manos del joven que las aspiraciones políticas de sus ambiciosos padres le habían dado por marido, para no abandonarlas jamás. De la misma manera compartió toda su vida con las compañeras de juegos, que le habían sido dadas en la infancia, hasta poco antes de su muerte, cuando un maestro severo se las arrebató, para desarraigar de ese modo hasta el último lazo de amor fraternal. Así llevó también en su corazón a los niños que dio a luz, siendo todavía casi una niña. Y si ella más tarde los confió a otros, no fue esto sino una expresión del amor materno, que no quería hacerles compartir la dureza de su propio camino, ni que fueran privados de los modos de vida a los que habían sido destinados naturalmente. Además, sentía en su corazón un desborde tal de amor que la conducción de una vida distinta hubiera sido sólo un obstáculo en la vocación a la cual Dios la había llamado.

Desde su más temprana juventud abrió su corazón, con amor cálido y misericordioso, a todos aquellos que sufrían y estaban oprimidos. Isabel se sentía impulsada a alimentar a los hambrientos y a cuidar a los enfermos, pero nunca se contentaba con saciar sus necesidades materiales, sino que su deseo constante era acoger y dar calor en su corazón a los corazones abandonados. Los niños pobres de su hospital corrían a sus brazos y la llamaban madre, pues sentían que recibían de ella un amor verdaderamente maternal.

Toda esa riqueza desbordante brotaba de una fuente inagotable: del amor del Señor, que la acompañó desde la más tierna infancia. Cuando su padre y su madre la dejaron partir de su lado fue El quien la acompañó a ese país extraño y lejano. Desde que supo que El habitaba en la capilla del palacio, se sintió profundamente atraída a ese lugar, y para ir allí abandonaba incluso sus juegos infantiles. Ese era su hogar, y cuando los hombres se burlaban de ella y la ponían en ridículo, encontraba allí su consuelo. Nadie podía comparársele en fidelidad. Por eso mismo tiene que permanecerle fiel y amarle sobre todos y sobre todas las cosas. Ninguna imagen humana habría de empalidecer la imagen de Dios en su corazón, por eso es arrebatada por un profundo dolor de arrepentimiento cuando una vez las campanillas de la consagración le hicieron tomar conciencia de que sus ojos y su corazón estaban dirigidos a su marido en vez de seguir el santo sacrificio. Delante de la imagen del crucificado, que colgaba desnudo y sangrante en la cruz, no se atrevía a llevar ni joyas ni corona. El presentaba sus brazos abiertos para acoger a todos los que estaban cansados y agobiados. Ella misma se sentía llamada a transmitir ese amor a los cansados y agobiados para suscitar en ellos un amor similar por el crucificado.

Todos son miembros del Cuerpo Místico de Cristo y ella sabe que sirve al Señor cuando les sirve a ellos. Sin embargo, no sólo les sirve, sino que también se preocupa de que se conviertan en miembros "vivientes" del Cuerpo de Cristo a través de la fe y el amor. Todo el que se le acercaba era conducido por ella al Señor, y así ejercía un apostolado colmado de bendiciones. Testimonio de ello son: la vida de sus compañeras, la evolución de su marido y la conversión interior de su cuñado Conrado, que, después de la muerte de Isabel y bajo su influencia evidente, se consagró en la vida religiosa. El amor de Cristo es, sin duda alguna, el espíritu que colmó

159

y dio forma a la vida de Isabel y del cual brotó su incesante amor por el prójimo.

Hay todavía otro aspecto del carácter de Isabel que se explica desde esta misma fuente: su alegría, que ganaba los corazones. Isabel amaba los juegos indómitos y se complacía en ellos, aun cuando había superado ya la edad en la que, según la educación y las buenas costumbres, se le podían haber excusado. Isabel experimentaba también un profundo placer en todo lo bello y sabía muy bien cómo engalanarse y cómo organizar fiestas espléndidas para complacer a sus invitados cuando así se lo exigía su condición de princesa. Pero, sobre todo, buscaba llevar la alegría a la casa de los pobres.

Ofrecía juguetes a los niños y jugaba ella misma con ellos. Incluso la viuda acongojada, que fue su compañera en los últimos años de su vida, no llegó a perturbar su alegría y terminó por aceptar sus bromas. En lo más íntimo de su corazón se conmovió también el día de los pobres, en que Isabel invitó a miles de ellos a Marburg para repartirles con sus propias manos el resto de sus bienes de viuda, que le habían pagado en efectivo. Desde la mañana hasta la tarde recorrió las filas de esos desdichados para darle a cada uno lo suyo. Al caer la noche quedaban todavía muchos que se encontraban demasiado débiles y miserables como para emprender el camino de retorno a sus hogares.

Todos ellos habían acampado a la intemperie e Isabel les hizo encender fuego; así se sintieron mucho más cómodos y se les oía elevar sus cantos desde las fogatas del campamento. La princesa escuchaba asombrada y esa alegría de los pobres le confirmaba aquello que ella había creído y ejercitado durante toda su vida: "Mirad que os he dicho hay que llevar la alegría a los pobres." Desde hacía mucho tiempo estaba absolutamente convencida de que Dios había dado la existencia a las creaturas para que fueran felices y que era mucho más hermoso elevar hacia El un rostro radiante. E incluso esto le fue confirmado, porque la moribunda Isabel fue llamada a la alegría eterna a través del canto de un pajarillo.

Un amor y una alegría desbordantes se manifestaban en ella con una naturalidad que no se dejaba someter a ningún convencionalismo. ¿Es que era posible andar con pasos medidos y delicados y susurrar expresiones elegantes cuando fuera, frente a las puertas del castillo, resonaba la señal que anunciaba el retorno del Señor? Isabel olvidaba irremediablemente todos los convencionalismos y se entregaba simplemente al ritmo y al tacto de su corazón cuando éste comenzaba a latir agitadamente. ¿O es que se debe pensar en la Iglesia para saber cuáles son las formas socialmente permitidas para expresar nuestra devoción? A Isabel le resultaba prácticamente imposible actuar de una manera distinta de como se lo indicaba el amor, aun cuando ello le valía severas reprimendas. Nunca pudo entender que fuera problemático ofrecer personalmente sus dones a los pobres, hablar amistosamente con ellos, ir a sus chozas o atenderlos en su propia casa. No era su intención ser desobediente y obstinada y vivir en desarmonía con los suyos, pero las voces humanas nada podían

161

hacer frente a la voz interior que la impulsaba a actuar de esa manera. Por eso, a la larga, no podía vivir entre aquellos que estaban atados a los convencionalismos y que no podían, ni querían, liberarse de costumbres ancestrales y de concepciones de vida firmemente arraigadas.

Después de la muerte de su esposo se vio obligada a abandonar los círculos en los cuales había nacido y había sido educada para seguir sus propios caminos. Sin duda alguna fue éste un corte profundo y doloroso también para ella, pero con ese corazón lleno de amor, que no se detenía ante ningún obstáculo que pudiera separarla de sus hermanos y hermanas sufrientes, encontró el camino que tantos otros buscan hoy con buena voluntad y el empeño de todas sus fuerzas, pero muchas veces en vano: el camino que conduce al corazón de los pobres.

A través de los siglos se puede constatar un ansia de los hombres que no alcanza nunca su planificación y que se expresa algunas veces con suavidad y otras con gran potencia. Alguien, que experimentó este sentimiento de manera especial, encontró una fórmula muy elocuente para expresarlo: "el retorno a la naturaleza". Y uno que, abrasado por esas ansias, persigue ese ideal en vano durante toda su vida, hasta caer destrozado, ése se hizo una imagen muy extraña de la persona, cuyo obrar brota en un movimiento incesante desde su interior, sin la consideración de la razón y el esfuerzo de la voluntad, movida solamente por el dictado del corazón; a ése le correspondería el encanto de las marionetas (Heinrich van Kleizt, *Sobre el teatro de marionetas*).

162

¿Responde Santa Isabel a este ideal? Los hechos mencionados que dan testimonio de su obrar espontáneo parecen confirmarlo. Pero las fuentes históricas nos dan testimonio de otros hechos, que muestran con no menor claridad que ella tenía una voluntad de acero y que hubo de luchar incansablemente contra su propia naturaleza. La santa dulce, alegre, juvenil, admirable en su espontaneidad, es, a la vez, rigurosamente ascética. Desde muy temprano tuvo que reconocer que abandonarse sin reparos a las inclinaciones del corazón es una empresa que no está del todo exenta de peligros. Un amor excesivo por sus parientes, el orgullo y la ambición hicieron que la reina Gertrudis fuera odiada por el pueblo húngaro y prepararan su asesinato súbito e inesperado. Una concupiscencia desbordada había conducido a la hermana de la reina Gertrudis, Agnes de Meran, a una relación adúltera con el rey de Francia, y esto le valió un interdicto a todo el reino. Las ambiciones políticas desmesuradas le proporcionaron al landgrave Herman una vida de hostilidades incesantes y le hicieron morir en estado de excomunión. Isabel tuvo que ver muchas veces a su propio esposo comprometido en luchas injustas y excomulgado. ¿Estaba ella liberada en su propio corazón de esas fuerzas inquietantes? De ninguna manera; ella sabía muy bien que no podía entregarse a los dictámenes del propio corazón sin entrar, a la vez, en graves peligros.

Cuando la niña, con astucia piadosa, inventaba juegos en los cuales podía escaparse a la capilla o arrojarse al suelo para recitar allí, en secreto, sus oraciones, no podemos ver en ello sino la poderosa acción de la Gracia que actuaba en su corazón infantil; sin embargo, puede también que haya tenido el presentimiento de que en el juego corría el peligro de alejarse de Dios. Este sentimiento es más evidente aún cuando, una vez, después de su primera danza, dio un paso atrás y dijo con rostro serio: "Una danza basta para el mundo, a las otras renunciaré por la voluntad de Dios." Cuando por las noches se levantaba de su lecho y se ponía de rodillas para orar o, incluso, abandonaba su cuarto para hacerse flagelar por sus sirvientes no la impulsaba solamente el deseo generalizado de hacer penitencia o de sufrir voluntariamente por el Señor, sino la conciencia del peligro que corría al lado de su esposo de olvidar al Señor.

Isabel se sentía, sin duda alguna, mucho más atraída por un niño naturalmente bello que por uno feo, y sentía un movimiento de rechazo ante la visión y el olor de llagas repugnantes. Si ella buscaba siempre precisamente a esas creaturas miserables, para ocuparse de ellas con sus propias manos, no lo hacía simplemente por amor misericordioso hacia los más pobres, sino por una decisión libre de su voluntad, que se propuso superar todo rechazo por ellas. Al final de su vida, Isabel pidió tres cosas al Señor: el desprecio de todos los bienes terrenales, el don de aceptar gozosamente las humillaciones y la liberación de un amor excesivo por sus hijos. A sus sirvientes pudo finalmente confiar que había sido escuchada en todos sus deseos. Pero el hecho de que hubiera tenido que pedir por ellos es una prueba de que no pertenecían a la constitución de su naturaleza y de que tuvo que luchar largamente para conquistarlos.

La meta que Isabel intentaba alcanzar, y no sólo para sí, sino, incluso, en una lucha contra su propia naturaleza, era la conducción de una vida que agradara a Dios. Con absoluta conciencia y con la misma fuerza inflexible intentó actuar en su entorno. Como soberana se esforzó por rechazar el excesivo lujo en las vestimentas y por convencer a las damas de la nobleza a renunciar a tal o cual coquetería. Cuando comenzó a rechazar todos los manjares provenientes de rentas ilícitas se vio muchas veces obligada a pasar hambre frente a la mesa principesca, cargada de delicadezas. Para ella era, además, lo más natural que sus fieles compañeras, Guda e Isentrud, compartieran sus privaciones, de la misma manera que más tarde le siguieron en la miseria y la pobreza del destierro voluntario. ¡Y qué protesta inmensa contra las conductas de vida de su entorno significaba el cumplimiento de la prohibición de comer!

La conducción de una vida cada vez más austera fue, sin duda alguna, para su esposo muy difícil de comprender. Las actitudes de Isabel exigían de él un comportamiento muchas veces heroico. El veía muy de cerca cómo Isabel se trataba a sí misma con la más extrema dureza, cómo ponía en peligro su salud, cómo distribuía todos sus bienes a manos llenas y cómo todo esto suscitaba una actitud de rechazo por parte de su familia y de toda la corte. Finalmente hubo de constatar sus luchas por alejarse de él interiormente y las amargas lamentaciones por estar ligada a él con el vínculo matrimonial. En este contexto se entiende que el joven landgrave, que soportaba todo ello con indecible amor y paciencia y se esforzaba fielmente por apoyar a su esposa en sus aspiraciones por alcanzar la perfección, haya alcanzado entre el pueblo la reputación de un santo.

Primeramente, fueron, sin duda, los principios del Evangelio y las prácticas generales de ascetismo de la época las que condujeron a Isabel en sus esfuerzos por alcanzar la perfección. A menudo surgían ideas que iluminaban su espíritu y ella intentaba llevarlas a la práctica. Pero lo que ella buscaba lo encontró, sobre todo, y bajo la forma de un ideal de contornos precisos, cuando los franciscanos llegaron a Alemania y Rodrigo, como huésped de Wartburg, le informó sobre el estilo de vida de los pobres de Asís. A partir de ese momento supo con exactitud lo que quería y a lo que siempre había aspirado: entregarse totalmente a la pobreza, mendigar de puerta en puerta, liberarse de todos los lazos humanos, e incluso de su propia voluntad, para pertenecer sólo y totalmente al Señor.

El landgrave Luis no podía resignarse a desligarse del vínculo matrimonial y dejarla partir; sin embargo, estaba dispuesto a ayudarla a llevar una vida ordenada y lo más acorde posible a su ideal. Una gran ventaja fue que su maestro espiritual no fuera un franciscano (en ese caso no habría alcanzado jamás la satisfacción de sus aspiraciones), sino alguien que supiera aplacar su celo con prudencia y que, simultáneamente, comprendiera sus necesidades más íntimas. La persona indicada era el maestro Conrado de Marbourg, que le había sido recomendado al landgrave como director espiritual de su esposa. El maestro Conrado era un sacerdote del clero secular, pero que vivía tan pobremente como los frailes mendicantes; para consigo mismo era en extremo riguroso y también para los otros; estaba íntegramente consagrado al servicio del Señor, y así atravesó Alemania predicando la cruzada y luchando por la pureza de la fe.

Isabel hizo ante él voto de obediencia en el año 1225 y permaneció bajo su dirección hasta el día de su muerte. La violencia más fuerte que ella impuso a su voluntad fue subordinársele y permanecer constantemente sometida a él, pues él no sólo asumió su deseo de luchar enérgicamente contra las debilidades de la naturaleza, sino que dirigió también su amor a Dios y al prójimo por caminos distintos a los que respondían a su impulso natural. Jamás le permitió deshacerse de todos sus bienes, ni antes ni después de la muerte de su esposo; se opuso a sus dádivas incontroladas, limitándolas poco a poco hasta prohibírselas totalmente. Finalmente intentó alejarla del cuidado de enfermos, contagiosos, pero éste fue el único punto en el que Isabel no pudo ser doblegada.

Ciertamente que el ideal de perfección del maestro Conrado no era inferior al de Isabel. Desde el principio había reconocido claramente que el alma que le había sido confiada a su dirección era un alma santa, y él quería hacer todo lo que estuviera en sus manos para que ella alcanzara la cumbre de la perfección. Sobre los medios para alcanzar esa perfección, sin embargo, no pensaba él lo mismo que Isabel. Al comienzo quiso enseñarle a realizar su ideal "en su propio estado", de la misma manera que él no había considerado necesario entrar en una orden religiosa para alcanzarlo. Por ello le permitió unirse a los franciscanos como terciaria, ofreciéndole una interpretación de sus votos acorde a sus condiciones de vida.

Mientras viviera su esposo habría de cumplir con todas las obligaciones matrimoniales, pero en caso de su muerte habría de renunciar a un nuevo matrimonio. Debía vivir pobremente, pero sin dilapidar sus bienes de manera insensata, sino administrarlos prudentemente en favor de los pobres. El comienzo de esta vida en la pobreza fue marcado por la prohibición de tomar alimentos que no provinieran de ganancias lícitas de la corona. La obediencia a esta prohibición es, según las últimas investigaciones, lo que habría motivado su partida de Wartburg después de la muerte de su esposo. Es de suponer que su cuñado Heinrich Raspe no quiso tolerar más su ausencia prolongada de la mesa principesca y le bloqueó las rentas de su pensión de viuda, para hacerla más obediente (sin duda alguna para poner fin a su beneficencia dilapidante). La extrema miseria y abandono en la cual la había sumido ese destierro voluntario o involuntario le imposibilitaron totalmente readecuarse a su antiguo estilo de vida.

Después de la reconciliación con la familia de su esposo volvió, sólo transitoriamente, a Wartburg e inmediatamente se puso en contacto con el maestro Conrado para deliberar sobre el mejor modo de realizar su ideal franciscano. El no consintió con ninguna de sus propuestas; no aceptó ni que entrara en un convento, ni que llevara una vida de eremita o mendicante. Lo que no pudo impedir es que renovara sus votos y que vistiera el hábito de la orden. Además permitió que se instalara en Marbourg, ciudad en la que él tenia su propio domicilio. El le precisó su estilo de vida, según le dictaba su propia prudencia, y con los fondos de Isabel hizo construir un hospital en Marbourg, en el cual le atribuyeron funciones muy precisas. Por propia iniciativa y de acuerdo con su maestro espiritual se decidió a no vivir más de sus rentas, sino del trabajo de sus manos, hilando lana para el convento de Altenburg.

La tarea más dura e importante era, según la opinión del maestro Conrado, guiar a su protegida por el camino de la obediencia. El estaba absolutamente convencido de que la obediencia es superior al sacrificio y de que no se puede alcanzar la perfección sin el desapego total de los deseos y las inclinaciones propias. En el celo por alcanzar su objetivo llegó, incluso, a infligirle disciplinas corporales, ante transgresiones reiteradas de sus órdenes. Isabel estaba, sin duda alguna, de acuerdo con él en lo más profundo de su alma. La paciencia y la dulzura con que ella soportó todas estas duras humillaciones no son las únicas pruebas de ello. Ella nunca hubiera cedido en un punto tan esencial como lo era el de la renuncia a su ansiado estilo de vida si no hubiese estado totalmente convencida de la importancia de la obediencia. El maestro espiritual, que le había sido dado y que ella no había elegido, era para ella el representante de Dios. Sus palabras y pensamientos manifestaban la voluntad de Dios con mucha más fidelidad que las inclinaciones de su propio corazón; y eso es lo único que importa, conducir la propia vida según la voluntad de Dios. Por eso ambos lucharon denodadamente contra las inclinaciones de la naturaleza.

Algunas veces es la misma Isabel la que da los primeros pasos y encuentra allí la aprobación de su maestro; por ejemplo, con su traslado a Marbourg y la separación de sus hijos, otras es Conrado el que dicta las órdenes e Isabel se somete dócilmente en obediencia; por ejemplo, cuando él la priva de las amadas compañeras de la juventud, reemplazándolas con mujeres casi insoportables que habrían de vivir con ella. O cuando le limita paulatinamente la satisfacción de dar limosnas personalmente, hasta prohibírselo totalmente. Sólo en un punto no llega a doblegarse nunca totalmente y éste era el cuidado de un niño, con una enfermedad particularmente repugnanate y que ella retenía junto a sí en una pequeña casa, al margen de su trabajo en el hospital. Según informó el maestro Conrado al Papa Gregorio IX, un niño atacado de sarna estuvo sentado en su lecho de muerte. Este mismo Papa le había confiado al maestro Conrado el cuidado de la viuda, después de la muerte del landgrave, y después de la muerte de ésta, se dedicó con mucho celo a conseguir su canonización.

Vista de esa manera la imagen que tenemos de Santa Isabel y de la conducción de su vida parecería contradictoria. Por una parte constatamos su temperamento ardiente, que sigue con espontaneidad las intuiciones de su corazón lleno de amor y de iniciativas y que no se deja intimidar ni por reflexiones propias ni por objeciones ajenas. Por otra parte, una voluntad firme y tenaz, que se esfuerza incansablemente por dominar la propia naturaleza y que, conforme a sólidos principios y en oposición consciente a las inclinaciones del corazón, conduce su vida según una estructura recibida de otros y sometida a reglas prefijadas.

Existe, sin embargo, un punto desde el cual se puede comprender esta antítesis que al final se deriva en una armonía, que es la única que puede satisfacer todas las aspiraciones naturales. En el reconocimiento de la existencia de una naturaleza, que es necesario dominar sin deformar, subyace la confianza de que existe una fuerza inherente al hombre que, obrando desde su interior y sin presiones y molestias exteriores, le permite organizar su vida como un todo acabado y armonioso. La experiencia, sin embargo, no confirma esta hermosa convicción. Es cierto que la "forma" está escondida en el interior del hombre, pero enredada en tejidos exuberantes que impiden una manifestación pura de esa forma.

Quien se abandona a los dictados de su naturaleza andará a la deriva, de aquí para allá, sin alcanzar nunca una configuración y una contextura clara. Y la falta de configuración no tiene nada que ver con la naturalidad. Por otra parte; el que intenta dominar la propia naturaleza, encauzar los instintos y darles una forma apropiada, aun cuando haya recibido esa forma prehecha desde fuera, ése puede que alcance a proporcionar a esa forma el espacio necesario para su desarrollo; sin olvidar, sin embargo, que puede violentarla, y en lugar de una naturaleza libremente constituida produce un monstruo o un mamarracho.

Nuestro conocimiento es siempre fragmentario; nuestro querer y nuestro obrar, cuando reposan sólo sobre sí mismos, no pueden crear ninguna forma acabada, pues ellos mismos no tienen absoluto poder sobre sí y se desplomarían antes de alcanzar su objetivo. Esa fuerza interior configurante, que se encuentra contenida en sus propias fronteras, se dirige hacia una luz que la guía con paso seguro y hacia una fuerza que la libera y que le proporciona el espacio necesario para desarrollarse. Esa es la luz y la fuerza de la Gracia divina.

La obra de la Gracia en el alma de la niña Isabel fue muy poderosa. La gracia ardía en su interior y las llamas refulgentes del amor divino se elevaban rompiendo todas las barreras y fronteras. La niña puso su vida en las manos del artista divino y su voluntad se convirtió en un instrumento de la voluntad divina. Guiada por ella se propuso dominar y podar su naturaleza y abrir el camino para la manifestación de la forma interior. Isabel pudo encontrar también una forma exterior que correspondía a la suya interior, y en la cual podía crecer sin perder su ordenación natural. Así fue como ella ascendió a los niveles de una humanidad acabada, que es el efecto más puro de la naturaleza liberada y transfigurada por la fuerza de la gracia. En este estadio carece de peligro el seguir las inclinaciones del corazón, pues el corazón propio ha penetrado en el corazón divino y late con su misma cadencia y ritmo. La frase audaz de San Agustín puede llegar a ser en este caso el hilo conductor de toda la vida:

"AMA ET FAC QUOD VIS"
"AMA Y HAZ LO QUE QUIERAS"

13

SOBRE LA HISTORIA Y EL ESPÍRITU
DEL CARMELO

Hasta hace algunos años era muy poco lo que salía del recogimiento de nuestros claustros al mundo exterior. En la actualidad esa situación ha variado bastante. Se habla mucho del Carmelo y existe el deseo de saber, por lo menos, algo sobre la vida que se desarrolla detrás de esos altos muros. Esa evolución hemos de agradecérsela, principalmente, a la gran santa de nuestro tiempo, que conquistó el mundo católico con una rapidez admirable: Santa Teresa del Niño Jesús. Además de ella, la novela carmelita de Gertrud von Le Fort *(Die letzte am Schafot,* Kösel, München, 1931) orientó la mirada de los círculos intelectuales de Alemania hacia nuestra Orden, de la misma manera que el hermoso prólogo que ella escribió a las cartas de María Antonieta de Geusers (M. A. de Geusers, *Cartas al Carmelo,* Pustet Regensburg, München, 1934).

¿Qué sabe el católico medio acerca del Carmelo? Que es una Orden de penitencia estricta, quizás la más estricta de todas, y que de ella proviene la vestimenta santa de la Madre de Dios, el Escapulario marrón, que nos une con innumerables fieles en todo el mundo. La solemnidad de nuestra Orden, la fiesta del Santo Escapulario, el 16 de julio, es celebrada por toda la Iglesia. La mayoría de los creyentes conocen también, aunque no sea más que de nombre, a Santa "Teresita" y a la "Madre" Teresa, como nosotros la llamamos, o simplemente "La Santa". Ella es considerada como la fundadora de la Orden de las Carmelitas Descalzas. Sin embargo, quien conoce un poco mejor la historia de la Iglesia y de la Orden sabe que nosotras veneramos al profeta Elías como a nuestro padre y guía, aun cuando muchos consideren que esto no es más que una leyenda de poca importancia. Nosotras, que vivimos en el Carmelo y que cada día rezamos a nuestro Santo Padre Elías, sabemos que él no es una figura de la prehistoria gris. Una tradición viviente nos ha legado su espíritu, que actualmente determina nuestra vida. Nuestra Santa Madre rechazó siempre enérgicamente la afirmación de que ella había fundado una nueva orden religiosa. Su intención no era otra que la de revivir el espíritu original de la antigua regla.

En las primeras palabras en que las Sagradas Escrituras nos hablan del profeta Elías se resume con brevedad y precisión el aspecto esencial de su carisma. El dice allí al rey Ajab: "Vive Yahveh, Dios de Israel, frente a cuyo rostro me encuentro. No habrá estos años rocío ni lluvia, más que cuando mi boca lo diga" (1. Reyes, 17,1). Esa es nuestra vocación, estar postradas frente al rostro del Dios viviente. El profeta nos ha dado ejemplo de ello, pues él mismo estuvo frente al rostro de Dios, que es el tesoro infinito, por el cual Elías abandonó todos los tesoros terrenales. El no tenía una casa y vivía allí donde el Señor se lo indicaba, en la soledad junto a la corriente de Kerib, en la pequeña casa de la pobre viuda de Sarepta en Sidón o en el monte Carmelo. Sus vestidos eran de pieles, como los del otro gran profeta y penitente, Juan el Bautista. La piel de los animales muertos recuerda que el cuerpo de los hombres está también sujeto a la muerte. Elías no conoció la preocupación por el pan cotidiano y vivió siempre totalmente confiado a la asistencia del Padre celestial, que le protegía de manera admirable. Un cuervo le procuraba cada día su alimento en la soledad del desierto; en Sarepta se alimentaba de la harina y el aceite de la viuda piadosa, que se multiplicaba de manera milagrosa; finalmente, es alimentado por un ángel con pan del cielo, antes de emprender su camino hacia el monte santo, donde se le habría de aparecer el Señor. Elías se convierte de esa manera para nosotros en un modelo de la pobreza evangélica, que nosotras mismas hemos prometido, y en una imagen auténtica del Salvador.

Elías se presenta ante el rostro de Dios, porque todo su amor le pertenece al Señor. Elías vive, además, fuera de toda relación humano-natural. Nada sabemos de su padre o de su madre, de una mujer o de un hijo. Sus "parientes" son aquellos que, como él, cumplen con la voluntad del Padre: Eliseo, a quien Dios hizo su discípulo y sucesor, y los "hijos de los profetas", que le consideran su guía y conductor. Su alegría es la gloria de su Dios y el celo por su servicio le consume: "Ardo en celo por Yahveh, el

Dios de los ejércitos" (esas palabras de I. Reyes, 19,10-14, fueron asumidas luego como lema en el escudo de nuestra Orden). A través de su vida penitente expió él los pecados de su tiempo, y la ignominia causada a Dios por el pueblo, que adoraba a los ídolos, le producía tales sufrimientos que llega a desearse la muerte. Dios le consuela en este dolor como sólo lo hace con aquellos que son sus preferidos: El mismo se le aparece en la soledad del monte y se le revela en la suave brisa después de la tempestad y le anuncia su voluntad con toda claridad.

El profeta, que sirve al Señor en la absoluta pureza del corazón y en el abandono de todos los bienes terrenales, es también para nosotros un modelo de obediencia. Elías se encuentra ante el rostro de Dios como los ángeles frente al trono del Eterno, aguardando sus indicaciones y constantemente dispuesto a servirle. Su voluntad es la voluntad del Señor. Cuando Dios se lo pide, se presenta ante el rey sin temor alguno y le transmite las noticias desagradables que despertarán su odio. Si Dios así lo quiere, se retira del país sumido en la violencia, pero retorna, aun cuando el peligro no ha desaparecido todavía, y todo por mandato divino. Quien permanece incondicionalmente fiel a Dios, ése puede estar seguro de la fidelidad divina. Ese puede hablar "como alguien que tiene poder", puede hacer que el cielo se cierre o se abra y puede ordenar a las aguas que le dejen paso sobre ellas a pie seco; él puede traer fuego del cielo para consumir la ofrenda, llevar a ejecución la condena de los enemigos de Dios y dar a los muertos nueva vida. Elías

178

estaba armado con todos los dones de la gracia que el Salvador había prometido a los suyos. Finalmente le es concedida la corona más grande de la gloria cuando, frente a los ojos de su fiel discípulo Eliseo, es arrebatado por un carro de fuego y llevado a un lugar misterioso, alejado de todas las ciudades de los hombres. Según las revelaciones del Apocalipsis, el profeta Elías volverá, cuando se acerque el fin del mundo, para sufrir por el Señor la muerte de los mártires en la lucha contra el Anticristo.

El día de su fiesta, que nosotros celebramos el 20 de julio, el sacerdote se presenta ante el altar con vestimentas rojas. Ese mismo día se convierte el convento de los Padres Carmelitas en el monte Carmelo, en el cual se encuentra la "Cueva de Elías", en la meta de innumerables peregrinaciones. Judíos, musulmanes y cristianos de todas las confesiones compiten en la veneración del gran profeta. Nosotras le recordamos también en la liturgia de otro día, a saber, en la epístola y el prefacio de la "Fiesta del Monte Carmelo", como acostumbramos a llamar la fiesta de la consagración del escapulario. Ese día damos gracias a nuestra Madre porque nos ha cubierto con el vestido de la salvación. Esta tradición surgió, sin embargo, mucho más tarde en occidente. En el año 1251 se apareció la bienaventurada Virgen María a Simon Stock, un inglés, general de nuestra Orden, y le entregó el santo Escapulario. El prefacio de la fiesta, por su parte, nos recuerda que Nuestra Señora del Monte Carmelo fue la que dio a sus hijos, muy lejos de la cuna original de nuestra Orden, un signo de su protección maternal. Ella, que fue revelada al profeta; Elías en la imagen de la pequeña nube que anunciaba la lluvia y en honor de la cual los "hijos de los profetas" construyeron el primer santuario sobre el monte Carmelo. La leyenda de la Orden cuenta que la Madre de Dios visitaba con gusto a los eremitas del monte Carmelo, y es muy comprensible que se sintiera atraída hacia ese lugar donde desde muy antiguo se le deparaba una tal veneración y donde el Santo Profeta había vivido en el mismo espíritu del que ella había sido colmada durante su vida terrena. Durante su vida no hizo otra cosa que liberarse de todo lo terreno, para entregarse a la contemplación de Dios y amarle de todo corazón, para interceder por su gracia en favor del pueblo pecador, para ofrecerse ella misma en desagravio por su pueblo y para estar atenta a las inspiraciones del Señor como su humilde esclava.

Los eremitas del monte Carmelo vivían como hijos del gran profeta y "hermanos de la Virgen Bienaventurada". San Bertoldo los organizó en un cenobio y por iniciativa de San Brocardo se hizo constar por escrito el espíritu que les había sido legado por sus antepasados; así nació nuestra Santa Regla. Ella fue escrita alrededor del año 1200 por San Alberto, patriarca de Jerusalén, y fue confirmada por el Papa Inocencio IV en 1247. En ella se resume, en una breve frase, el sentido de nuestra vida: "Que cada uno permanezca en su celda.... meditando día y noche en la ley del Señor y velando en oración, en tanto que no sea impedido por otros trabajos." "Velando en oración...", esto significa lo mismo que expresaba Elías con las palabras: "... postrados ante el rostro de Dios". La oración no es otra cosa que la mirada del hombre dirigida hacia el rostro del Eterno. Esto sólo es posible si el espíritu está despierto hasta en sus últimas profundidades y liberado de todas las preocupaciones y satisfacciones terrenas que le aturden. Esa vigilia del espíritu no exige la del cuerpo y el descanso que exige la naturaleza no le obstaculiza. "Meditando en la ley del Señor...", ésta puede ser una forma de oración, si tomamos la oración en sentido amplio. Si nos referimos, sin embargo, al "velar en oración" como la penetración y el descanso en el misterio de Dios, que le es propia a la contemplación, en ese caso la meditación es sólo un camino hacia la contemplación.

¿Qué es lo que se entiende por "ley del Señor"? El salmo 118, que rezamos todos los domingos y solemnidades en la hora prima, está imbuido por ese deseo de penetrar la ley del Señor y de dejarse conducir por ella a lo largo de la vida. Quizás el salmista pensaba en la ley del Antiguo Testamento, cuyo conocimiento exigía efectivamente la dedicación de toda la vida y su cumplimiento un ejercicio constante de la voluntad. Cristo, sin embargo, nos liberó del yugo de esa ley. La ley del Nuevo Testamento es el gran mandamiento del amor, sobre el cual Cristo dice que resume toda la ley y los profetas. El amor perfecto de Dios y de nuestro prójimo es, sin duda alguna, un objeto digno de contemplación para toda una vida. Todavía mejor, podemos interpretar a Cristo mismo como la ley del Nuevo

Testamento, pues El nos dio ejemplo con su vida de cómo debemos vivir nosotros. Según esto, sólo podemos cumplir con nuestra regla si tenemos constantemente frente a nosotros la imagen del Señor, para ir asemejándonos cada vez más a ella. El Evangelio es el libro que nunca hemos de cesar de estudiar.

Por otra parte, no tenemos acceso a nuestro Redentor sólo a través de los testimonios sobre su vida, sino que El está constantemente presente en el Santísimo Sacramento. Las horas de adoración frente al Altísimo y la escucha atenta de la voz de Dios, presente en la Eucaristía, son "meditación de la ley del Señor" y "vigilia en la oración", simultáneamente. El estadio más alto se alcanza, sin embargo, cuando la ley "vive dentro de nuestro corazón" (Salmo 118,11) y cuando estamos hasta tal punto unidos con el Dios Uno y Trino, del cual todos somos templo, que su Espíritu determina todo nuestro obrar. En ese estado no abandonamos al Señor, aun cuando estemos ocupados con trabajos que nos fueron encomendados por obediencia. El trabajo es inevitable mientras estemos sometidos a las leyes de la naturaleza y a las necesidades de la vida. Nuestra Santa Regla, además, nos ordena, según las palabras y el ejemplo de San Pablo, que nos ganemos el pan con el trabajo de nuestras manos; ese trabajo, sin embargo, tiene que tener un carácter servicial y de medio, y nunca de fin. El contenido auténtico de nuestra vida sigue siendo el estar postradas ante el rostro de Dios.

La conquista de Tierra Santa por el Islam expulsó a los eremitas del monte Carmelo. Hace trescientos años pudo ser reconstruido un santuario en honor de la Virgen en ese Monte Santo. El paso de la soledad del desierto a la vida agitada de los círculos culturales de occidente trajo aparejada una falsificación del espíritu original de nuestra Orden. Los muros protectores del recogimiento, la penitencia estricta y el silencio profundo se desplomaron, y por esas puertas abiertas penetraron las alegrías y las preocupaciones del mundo. Un ejemplo de esas casas de la Orden, que vivían según una regla suavizada, era el convento de la Encarnación, en Avila, donde ingresó nuestra Santa Madre Teresa en el año 1536. Durante decenios sufrió bajo la discrepancia entre el enredo en las relaciones mundanas y la inclinación por una entrega total a Dios. Pero el Señor no la dejó tranquila hasta que se liberó de todas las cadenas que la ataban al mundo para dedicarse con toda seriedad a la puesta en práctica de su principio, que dice: "Sólo Dios basta."

El gran cisma de la fe, que flagelaba a la Europa de su tiempo, y la pérdida de tantas almas despertaba en ella el deseo ardiente de rechazar esa desgracia y de ofrecerse como reparación. En esa situación, Dios le inspiró la idea de fundar un convento con un pequeño rebaño de almas elegidas, donde se viviera según la regla y el carisma original, para servirle allí de la manera más perfecta. Después de luchas indecibles y grandes dificultades logró fundar el convento de San José, en Avila, y desde allí se extendió su gran obra de reforma. A la hora de su muerte se habían fundado treinta y seis conventos masculinos y femeninos de estricta observancia: la Orden del "Carmen Descalzo". Los conventos de la reforma habrían de ser lugares donde se revivifique el espíritu del antiguo Carmelo. La regla original y las constituciones, elaboradas por la misma Santa Teresa, formaban el cerco con el cual ella quería proteger a su viña de todos los peligros exteriores. Sus escritos sobre la oración, que representan la exposición más perfecta y viva de la vida interior, son la herencia preciosa a través de la cual su espíritu vive aún hoy entre nosotras. El antiguo carisma del Carmelo, subraya ella, resurgió con más fuerza todavía, influenciado por las luchas de fe de su época, para reafirmar la expiación y apoyar a los servidores de la Iglesia que se encuentran en la vanguardia, frente al enemigo.

Como a nuestro segundo padre y maestro veneramos al primero de los carmelitas descalzos, San Juan de la Cruz. En él encontramos el espíritu de los viejos eremitas en su forma más pura. Su vida nos da la impresión de que él no hubiera conocido ninguna lucha interior. De la misma manera que desde niño, había estado bajo la protección de la Madre de Dios, así se sintió atraído, al despertar de su conciencia, a la penitencia estricta y a la soledad, para liberarse de esa manera de todo lo terreno y alcanzar la unión con Dios. El fue el instrumento elegido para transmitir con su vida y con su palabra el carisma de nuestro santo padre Elías a la nueva corriente de vida carmelitana. El fue quien formó, junto con Santa Teresa, a la primera generación de los carmelitas y las carmelitas descalzas y, a través de sus escritos, nos enseña el camino de la "Subida del Monte Carmelo".

Hijas de Santa Teresa, formadas personalmente por ella y por San Juan de la Cruz, fundaron los primeros conventos de la reforma en Francia y Bélgica; de allí pasó la Orden, con relativa rapidez, a la Renania. La revolución francesa y las luchas entre la Iglesia y el Estado en Alemania intentaron subyugarla con violencia, pero en cuanto la presión cesó un poco volvió a resurgir con nueva vida. En ese jardín floreció la "pequeña rosa blanca", que rápidamente conquistó los corazones de los hombres, mucho más allá de las fronteras de la Orden.

No sólo fue una intercesora milagrosa, sino también conductora de "las almas pequeñitas" en el camino de la "infancia espiritual". Muchos conocieron ese camino a través de ella, pero pocos saben que éste no es un descubrimiento nuevo, sino el camino al cual conducen las condiciones de vida del Carmelo. La grandeza de la pequeña Santa consistió en que ella descubrió este camino con una penetración genial y le siguió con decisión heroica hasta el final. Los muros de nuestro convento circundan un pequeño espacio. Quien quiere construir allí el edificio de la santidad tiene que cavar profundamente y construir hacia lo alto; tiene que bajar a la profundidad de la noche de la propia nada para ser elevado hasta la luz del amor y la misericordia divinas.

No todos los siglos necesitan de una reforma grandiosa como la de nuestra Santa Madre Teresa, ni en todas las épocas existen tiranías que nos dan la posibilidad de apoyar nuestra cabeza en el cadalso para defender nuestra fe y el ideal de nuestra

Orden, como en el caso de las 16 carmelitas de Compiegne; pero todas las que ingresen en el Carmelo tienen que entregarse totalmente al Señor. Sólo la que valore su lugarcito en el coro frente al Tabernáculo más que todas las glorias del mundo puede vivir aquí; y aquí encontrará, sin duda alguna, una felicidad como no la puede dar ninguna gloria del mundo. El orden de nuestro día nos garantiza horas de diálogo con el Señor, y sobre ellas se fundamenta nuestra vida. En el Carmelo rezamos el Breviario, lo mismo que los sacerdotes y las otras órdenes antiguas, y ese "Oficio Divino" es para nosotras, como para ellos, una obligación sagrada. Pero ése no es nuestro fundamento último. Lo que Dios obra en nuestras almas, en las horas de oración interior, está por encima de la mirada de los hombres; es gracia tras gracia, y todas las otras horas de nuestra vida son una constante acción de gracias por ello.

Para las carmelitas, en sus condiciones de vida cotidiana, no existe otra posibilidad de responder al amor de Dios que cumplir lo más fielmente posible con sus obligaciones diarias, hasta las más pequeñas; ofrecer los sacrificios más insignificantes, que exige de un espíritu vital la estructuración de los días y de toda la vida, hasta en sus detalles más pequeños, y esto día a día y año a año; presentar al Señor todas las renuncias que exige la convivencia constante con personas totalmente distintas a nosotras, y esto con una sonrisa en los labios.

A eso se agrega, además, lo que el Señor le pide a cada alma como sacrificio personal. Ese es el "caminito", un ramo de florecillas insignificantes que son depositadas cada día frente al Santísimo, quizás un martirio silencioso que se extiende a lo largo de toda la vida y del cual nadie tiene noticia, pero que a la vez representa una fuente de paz profunda, de alegría y un manantial de la gracia que brota en medio del mundo, sin que nosotras sepamos adónde se dirige y sin que los hombres que la reciben sepan de dónde viene.

14

TESTAMENTO

Según las prescripciones de nuestra Regla he escrito un testamento antes de mi primera profesión, el 21 de abril de 1935. Tal testamento fue guardado con los restantes en el Carmelo de Colonia. Antes de mi traslado a Echt, en diciembre de 1938, lo destruí, con la anuencia de la querida Madre Teresa Renata del Espíritu Santo, priora del Carmelo de Colonia, pues habría podido causar complicaciones en el paso de la frontera. De cualquier manera había perdido ya su valor a causa de la modificación de las circunstancias. Este escrito tenga entonces la validez de un testamento. Apenas me queda algo sobre lo cual pueda disponer, pero, en caso de mi muerte, puede que sea una ayuda para los superiores conocer mi parecer al respecto.

Los libros que traje conmigo, en tanto que no sean puramente científicos y de poca utilidad para las hermanas, prefiero dejarlos naturalmente al convento. Los libros de carácter científico serán recibidos seguramente con mucho aprecio por nuestros Padres Carmelitas, los Trapenses o los Jesuitas.

Ruego también que se revisen mis manuscritos y,

según un criterio recto, seán destruidos, integrados a la biblioteca o regalados como recuerdo. La historia de mi familia ruego que no sea publicada mientras viva todavía alguno de mis hermanos y pido también encarecidamente que no les sea entregada a ellos. Solamente Rosa podría tener acceso a ella, y después de la muerte de mis otros hermanos, sus hijos. Sobre su publicación puede decidir directamente la Orden.

Tengo también dos manuscritos de unos amigos extranjeros. Si no los han recogido antes de mi muerte, rogaría que les fueran entregados a sus respectivos dueños, juntamente con algún pequeño recuerdo de mis propios manuscritos. Las direcciones son:

Dr. Winthrop Bell, Chester, Nova Scotia, Canadá.
Prof. Dr. Roman Ingarden, Lewov (=Lemberg).
Polen Jabtonowskiel, 4.

Los manuscritos están señalados con los respectivos nombres en los sobres. Si mi libro sobre "El Ser infinito y eterno" no hubiere sido publicado antes de mi muerte, le pido a nuestro Rvdo. Padre Provincial se ocupe generosamente del término de la impresión y de su publicación. Con este fin adjunto una copia del contrato con la editorial. Ya que ese contrato fue hecho por el Carmelo de Colonia, sería necesario el acuerdo del mismo, así como el del editor, Otto Borgmeyer, en Breslau para la realización de uno nuevo.

Agradezco de todo corazón a mis queridas

superioras y a todas las queridas hermanas el amor con que me han acogido y todo lo bueno que se me dio en esta casa.

Desde ahora acepto con alegría, y con absoluta sumisión a su santa voluntad, la muerte que Dios ha preparado para mí. Pido al Señor que acepte mi vida y también mi muerte en honor y gloria suyas; por todas las intenciones del Sagrado Corazón de Jesús y de María; por la Santa Iglesia y, especialmente, por el mantenimiento, santificación y perfección de nuestra Santa Orden, en particular los conventos Carmelitas de Colonia y Echt, en expiación por la falta de fe del pueblo judío y para que el Señor sea acogido por los suyos; para que venga a nosotros su Reino de Gloria, por la salvación de Alemania y la paz en el mundo. Finalmente, por todos mis seres queridos, vivos y muertos, y todos aquellos que Dios me dio. Que ninguno de ellos tome el camino de la perdición.

Viernes de la Octava de Corpus Christi,
9 de junio de 1939.
En el séptimo día de mis ejercicios.

+ En el nombre del Padre, del Hijo y del Espíritu Santo.

Sor Teresa Benedicta de la Cruz OCD

VI

DATOS DE LA VIDA DE EDITH STEIN

12.10.1891	Nace en Breslau en el seno de una familia judía. Su padre se llamaba Siegfried Stein y su madre, Augusta Courant de Stein.
12.10.1897	Se inscribe en la escuela "Victoria" de Breslau.
1908-1911	Cursa sus estudios secundarios en el Liceo de la escuela "Victoria" de Breslau.
1911	Conclusión de su bachillerato en el Liceo de Breslau.
1911-1913	Estudios universitarios en Breslau (Letras germánicas, historia y psicología) y pérdida de la fe.
1913- 1915	Traslado a la universidad de Gotinga, estudios en la cátedra del filósofo Edmund Husserl y encuentro con la escuela fenomenológica.
Enero 1915	Examen de licencia pro facultate docendi en propedéutica filosófica, historia y germanística.
1915	Voluntariado en la Cruz Roja alemana,

en el hospital de enfermedades infecciosas de Mährisch-Weisskirchen.

1915   Breve actividad docente en una escuela de Breslau.

1916   Ayudante en la cátedra de Filosofía de Husserl, en Friburgo de Brisgovia.

1917   Doctorado en filosofía en la universidad de Friburgo, con un trabajo "Sobre el problema de la empatía". Publicación de la tesis doctoral, calificada con summa cum laude.

1919-1923   Trabajo científico privado e intentos frustrados de habilitación para una cátedra universitaria.

1922   Bautismo en la iglesia católica de Bergzabern, primera comunión y confirmación.

1923-1931   Profesora en el Liceo y en la escuela de maestras de las hermanas dominicas de Espira.

1928-1932   Giras de conferencias en Alemania y en el extranjero; actividades literarias y de traducción.

1932-1933   Actividades docentes en el "Instituto Alemán de Pedagogía Científica" de Münster.

1933   Prohibición de su actividad docente por parte del partido nacionalsocialista (NSDAP) a causa de su procedencia judía.

14.10.1933 Entrada en el convento de las Carmelitas de Colonia.

15.4.1934	Toma de hábito en la Orden de las Carmelitas Descalzas con el nombre de "Teresa Benedicta de la Cruz".
21.4.1935	Profesión temporal por diez años.
21.4.1938	Profesión perpetua de los votos.
31.12.1938	Despedida del Carmelo de Colonia y traslado al Carmelo de Echt, en Holanda.
2.8.1942	Detención y transporte al campo de prisioneros de Westerbork.
7.8.1942	Deportación a Auschwitz.
9.8.1942	Muerte en las cámaras de gas del campo de concentración de Auschwitz-Birkenau.
1962	Incoación del proceso de beatificación.
1.5.1987	Beatificación en Colonia por el Papa Juan Pablo II.

VII

BIBLIOGRAFÍA SOBRE EDITH STEIN EN CASTELLANO

Aloisio da Virgem do Carmo: Edith Stein. Del judaísmo al Carmelo reformado, en: "El monte Carmelo". Revista de estudios carmelitanos 52-59. Burgos 1951. Pag. 33-46.

Aparicio, Alfonso: Edith Stein, Carmelita, hija de Israel, mártir de Cristo. San Sebastián, La obra máxima, 1987.

Barrientos, Alberto: Estrellas amarillas, en: Revista de Espiritualidad, 32 Nr. 128/129. Madrid 1973. Pag 415-416.

Balzer, C.: Edith Stein, filósofa, carmelita y mártir, en: Criterio, 26 Nr. 1203-1206. B-Pag. A-Pag.1954. pág. 130-135.

Bejas, Andrés: Edith Stein - Los caminos del silencio interior. En colaboración con Dr. Sabine B. Spitzlei. Editorial Bonum, Buenos Aires, 1991 (Cfr. Intr.).

Brockhusen, Gerda: Espiritualidad en Alemania: Corrientes modernas - Edith Stein. Madrid 1968.

Castro Cubels, Carlos: La universidad en la catedral. La beatificación de Edith Stein, carmelita descalza, en: Vida religiosa, 62. 1987. Pág. 219-223.

Corral, M.: Edith Stein. Una mujer ante la verdad, en: Temas de Espiritualidad, 30.1967 Pág.75-80

Courtois, R.: Convertidos del siglo XX. Edición de F. Lelote Madrid 1966. Pág. 39-54.

Falkenstein, J.: Ha caído una estrella. Drama religioso en cuatro actos, en: E. Pág. A. Koln F.II 24.

Fernández Enrique: Edith Stein: Sabiduría y martirio (1891-1942) en: Vida Sobrenatural, 67. 1987 128- 137.

García Rojo, E.: Vivencia y aportación litúrgica de Edith Stein, en Ephemerides Carmeliticae, 30. 1979. Pág. 69-97.

- Edith Stein. El hombre Ser Trascendente (Tesis doctoral) Salamanca 1982/83.

- Edith Stein o el Gozo de la Cruz, en: Revista de Espiritualidad, nr. 167. 1983 Pag.219-242.

- Presupuestos para una filosofía de la persona en Edith Stein, en: Ephemerides Carmeliticae, 35. 1984. Pag. 359-384.

- Edith Stein: Conversión y vida cristiana, en: Revista de espiritualidad, 46.1987. Pag.211-237.

- El judaísmo en Edith Stein, en: Revista de Espiritualidad, 46. 1987 Pag. 171-209.

Gil de Muro, Eduardo: Edith Stein - Ahora que son las 12... Burgos, Monte Carmelo, 1987.253 p (B)

Herbstrith, Waltraud (Teresia a Mater Dei OCD): Trágico destino de una mujer fuerte:

Edith Stein, en: Mujeres del Siglo XX. Madrid 1978. Pag.27-50, también en: Revista de Espiritualidad, 148. Madrid 1978. Pag. 365-388.
- Edith Stein. En busca de Dios. Estella. Verbo Divino. 1987. 307 pág.
  - Edith Stein: Vida, obra, mensaje, en: Revista de Espiritualidad, 46, 1987. Pag. 277-300.

Huerga, Alvaro: Edith Stein. La hebrea que halló la Verdad, en: La Vida Sobrenatural, 37. 1957. Pag. 127-151.

Ildefonso de la Inmaculada: Libertad y personalidad en Edith Stein, en: Revista de Espiritualidad, 31. 1972. Pag. 231-241.

Lobato, Abelardo: Edith Stein o la mujer testigo del amor. En su obra: La pregunta por la mujer. Salamanca 1976. Pag. 175-260.
- Vida y pensamiento teológico de Edith Stein, en: Aspernas 28. 1981. Pag. 357-377.
- El nuevo itinerario de la filosofía cristiana, en: Teresianum, 38. 1987. Pag. 245-269.

López Quintás, Alfonso: Edith Stein y su ascenso a la plenitud de lo real. Monte Carmelo, 96.1988. Pag. 419-448.

López Sainz, Celia: Edith Stein, Bilbao 1965.

Malax, Félix: La beata Edith Stein. Teresa Benedicta de la Cruz. Victoria-San Sebastián. Ed. "El Carmen" — La obra máxima. 1987.

Maldonado de Guevara, F.: De San Juan de la Cruz a Edith Stein, en: Arbor, 15 Madrid 1950. Pag. 339-346.

Migues, José Antonio: Bergson y Edith Stein. Dos

caminos hacia la mística en: Arbor, 92. Nr.357/
360. 1975. Pag. 14-31.

Neyer, Amata OCD: Edith Stein, carmelita descalza. Revista de Espiritualidad, 46. Madrid
1987. Pag. 239-276.

Pérez Monroy, Alberto: Edith Stein también
murió en Auschwitz. Semblanza de Edith Stein
(1891-1942) México, Centro de estudios de los
valores humanos. Pag. 1988.

- Edith Stein y los valores humanos, en: AA.V.V.
Grandes testigos de los valores. México, Editorial Progreso, 1987. Pag. 185-188.

Pfleger, María Carmela: En memoria de Edith
Stein, en: Estudios, Santiago de Chile 1952.
Pag.48-59. (Indel - Saber. 69)

Reinhard, M. E.: Del judaísmo al Carmelo y del
claustro al martirio, en Ignis Ardens, 21, Sevilla
1950. Pag: 18-22.

Simeone de la Sagrada Familia: Obras publicadas de Edith Stein, en: Monte Carmelo, 86.
Burgos 1978. Pag. 353-363.

- Edith Stein. Nota bibliográfica en: Rivista di
Vita Spirituale,28. Roma 1974. Pag.359-370.

Zamora, G: El mundo epistolar de Edith Stein,
en: Naturaleza y Gracia, 16/2. (L.I.T. Breyer, 18-
61) Salamanca 1969. Pag. 273-293.

VIII

Obras de Edith Stein en castellano

- **Estrellas amarillas.** Autobiografía: Infancia y Juventud. Editorial de Espiritualidad. Madrid 1973.
- **Selección epistolar** (1917-1942). Traducción de Guerra y Francisco Brändle. Madrid 1976.
- **Los caminos del silencio interior.** Traducción, introducción y notas de Andrés Bejas y Dra. Sabine Spitzlei. Editorial Bonum. Buenos Aires 1991.
- **Ciencia de la Cruz.** Estudio sobre San Juan de la Cruz. Burgos 1989.
- **La pasión por la verdad.** Traducción, introducción y notas de Andrés Bejas y Dra. Sabine Spitzlei.

Indice

Introducción

Escritos de Edith Stein

CPSIA information can be obtained
at www.ICGtesting.com
Printed in the USA
LVHW022049170523
747248LV00004B/536